CAUSERIES

SUR

LA POLICE

PAR D. B.

COMMISSAIRE DE POLICE

Fais ce que dois et prends pour
règle la loi et ta conscience.

PARIS

A. CHEVALIER-MARESCQ, ÉDITEUR

20, RUE SOUFFLOT, 20

1885

CAUSERIES
SUR LA POLICE

CAUSERIES

SUR

LA POLICE

Par D. B.

COMMISSAIRE DE POLICE

Fais ce que dois et prends pour
règle la loi et ta conscience.

PARIS

A. CHEVALIER-MARESCQ, ÉDITEUR

20, RUE SOUFFLOT, 20

1885

A MESSIEURS LES COMMISSAIRES DE POLICE,

Hommage de bonne Confraternité

D. B.

PRÉFACE

Mes chers collègues,

Je ne viens soumettre à votre appréciation, ni Manuel, ni Formulaire, ni Dictionnaire de police. Ces ouvrages existent en nombre suffisant et sont généralement très-bien faits.

Je voudrais pouvoir écrire le code de la conscience des fonctionnaires de notre ordre ; mais comme, en l'essayant, je n'aboutirais qu'à prouver mon impuissance, je n'ai nulle envie d'afficher une prétention aussi témé-raire.

En écrivant ce livre pour vous, je ne veux faire la leçon ni aux cheveux noirs ni aux barbes grises. Cette intention serait d'autant plus ridicule et déplacée que je n'ignore nullement que beaucoup d'entre vous, plus expérimentés ou plus capables que moi, pourraient aisément être mes maîtres.

Je veux simplement causer de nos fonctions et rien autre chose.

Je ne sais si ces causeries auront la faveur de laisser une bonne impression dans vos esprits; ce que je sais, c'est que tout homme qui dit nettement et loyalement ce qu'il pense, dans l'intérêt commun, fait son devoir. Or, c'est là seulement ce que j'entends faire en causant avec vous, de nous et entre nous.

Donc, ne me prêtez pas un seul instant la pensée de vouloir fixer les limites de votre action; encore moins celle de chercher à régler votre conduite. Je viens uniquement vous exposer la manière dont je comprends nos fonctions, et je vais le faire en examinant rapidement certains sujets que vous me pardonnerez de traiter à bâtons rompus, au hasard de l'inspiration et au courant de la plume.

Je connais assez les sentiments de bienveillance dont vous êtes généralement animés, pour espérer qu'après avoir parcouru ce livre, vous aurez l'indulgence d'oublier les imperfections du style pour ne vous souvenir, s'il y a lieu, que de la justesse des idées qu'il exprime.

Je ne ferai qu'une réserve et la voici : — Si, parmi les idées que je vais essayer de développer, il se rencontrait quelque pensée ayant une tournure blessante, veuillez bien croire que je l'aurais sévèrement écartée si j'avais pu prévoir une telle interprétation. Si donc cela arrivait, comme je n'ai aucune prétention à l'infaillibilité, je me hâte de dire, qu'en pareil cas, la plume qui obéit aurait mal secondé la pensée qui commande.

Cependant, si dans certaines critiques que je crois justes, quelqu'un de mes collègues se reconnaissait et se trouvait peu flatté, je lui répondrais — toute proportion gardée de part et d'autre — par la parole que Phocion adressait à Antipater : « Tu ne peux « m'avoir en même temps pour flatteur et « pour ami. »

Et maintenant, pour dire toute ma pensée, je ne considère mon modeste travail que comme une faible ébauche que je laisse à de plus compétents que moi le soin de modeler et de mener à bonne fin.

Vous, mes chers collègues, dont le talent égale l'expérience, donnez à ceux qui sont moins heureusement doués que vous les moyens de devenir plus aptes et meilleurs. Les aînés de la carrière ne sauraient y perdre ni vous en blâmer et les jeunes vous en seraient reconnaissants.

Pour ma part, je m'estimerais trop heureux si je pouvais provoquer cet élan vers le bien. Je serais, croyez-le fermement, votre lecteur le plus assidu, et je me jetterais sur vos livres avec un empressement pareil à celui de l'enfant joyeux qui parvient enfin à cueillir le fruit vermeil ardemment désiré.

D. B.

CAUSERIES
SUR LA POLICE

LA POLICE

« La condition de l'historien contemporain des
» faits dont il parle est singulièrement difficile.
» Nous exigeons de lui deux qualités qui sont
» incompatibles. Il faut qu'il soit tout à la fois
» impartial et bien informé. Or, il n'est jamais
» mieux informé que s'il a été mêlé aux événe-
» ments qu'il raconte, s'il a vécu dans les en-
» trailles mêmes de la société qu'il décrit ; mais
» alors il lui devient presque impossible d'en
» dépouiller les préjugés et les passions pour se
» rendre capable de prononcer des jugements
» tout-à-fait libres. »

(Sully-Prud'homme. Discours de réception à
l'Académie française.)

Cette citation ne s'applique-t-elle pas naturellement à tous ceux qui écrivent, comme je le fais en ce moment, sur des choses auxquelles ils sont intéressés, et qui étudient une organisation dont ils font partie intégrante.

Dans ces conditions, pour demeurer juste, il faut, selon l'expression de l'académicien déjà cité, « se tenir en garde contre soi-même avec autant de force que de délicatesse. » — C'est ce que je vais essayer de faire.

Si je voulais traiter à fond la question qui fait l'objet de cette causerie, la matière d'un gros volume n'y suffirait pas. Je jetterai un coup d'œil général sur ce vaste sujet et je dirai aussi brièvement que possible comment je comprends la police.

Et d'abord, si je voulais la symboliser, je me garderais bien de la représenter sous les traits si connus de cette femme aux cheveux épars, aux regards furibonds, qui conduit d'une main fébrile des lions rugissants qu'elle est prête à déchaîner contre l'ennemi qu'elle-même va combattre par le fer et par le feu. Elle ne me plairait pas davantage (quoique moins terrible pourtant) si elle ressemblait à cette bonne vieille ouvrière sommeillant auprès de son rouet pendant que les chats de la maison emmêlent à plaisir l'écheveau commencé. Non : je la voudrais debout, calme et fière, appuyée sur les tables de la loi, semblable à la justice dont elle est l'émanation et dont elle doit être l'auxiliaire.

Je crois qu'ainsi représentée elle répondrait parfaitement à l'idée que doivent se faire d'elle ceux qui, les textes en main, cherchent comment elle a été conçue par le législateur.

Remontons donc un peu à l'origine de la police et voyons comment elle est définie par le code et par les auteurs qui ont eu qualité pour s'occuper d'elle, de sa création, de son organisation et de son fonctionnement.

La police est instituée pour maintenir l'ordre et la tranquillité publique, la liberté, la propriété, la sûreté individuelle. Son caractère principal est la vigilance ; la société considérée en masse est l'objet de sa sollicitude. (Code du 3 Brumaire, an IV, art. 16-17.)

Elle se divise en *police administrative* et *police judiciaire*.

La *police administrative* a pour objet le maintien habituel de l'ordre public dans chaque lieu et dans chaque partie de l'administration générale. Son but principal est de prévenir les délits. Elle fait exécuter les lois, ordonnances et règlements d'ordre public. (C. du 3 Brumaire, an IV, art. 19.)

La *police judiciaire* recherche les crimes, les délits et contraventions que la police administrative n'a pu empêcher de commettre, en rassemble les preuves et en livre les auteurs aux tribunaux chargés de les punir. (C. du 3 Brumaire, an IV, art. 20. Code d'Inst. crim[elle], art. 8.)

Les rapports de la police judiciaire avec la police administrative ont été ainsi exposés par l'orateur chargé de présenter les premiers chapitres du livre 1er du code d'instruction criminelle : « Tant qu'un projet reste enseveli dans le cœur de celui qui le forme, tant qu'aucun acte extérieur, aucun écrit, aucune parole ne l'a manifesté au dehors, il n'est encore qu'une pensée, et personne n'a le droit d'en demander compte. Il est cependant vrai que des hommes exercés de longue main à surveiller les méchants et à pénétrer leurs intentions les plus secrètes préviennent souvent bien des crimes par une prévoyance utile et par des mesures salutaires : voilà l'un des premiers objets de la police administrative, police en quelque manière invisible, mais d'autant plus parfaite qu'elle est ignorée, et dont nous jouissons sans songer combien elle coûte de soins et de peines. La vigilance d'une bonne police ne laisse souvent ni l'espoir du succès, ni la possibilité d'agir, au méchant qui la trouve partout sans la voir nulle part, et qui rugit des obstacles que le hasard semble lui offrir, sans jamais se douter que le hasard prétendu est dirigé par une profonde sagesse. Un autre résultat d'une bonne police administrative est que l'homme se trouve enveloppé au premier pas qu'il fait pour consommer son crime : c'est alors l'instant où la *police judiciaire* peut et doit se montrer ; il n'y a pas un moment à perdre, le moindre retard ferait disparaître le coupable et les traces du crime ; il faut donc que les agents de la police administrative soient répandus sur toute la surface de la France, et que leur activité ne se ralentisse jamais. »

On comprend sous le mot police judiciaire tout ce qui est relatif à l'instruction criminelle, jusqu'au moment où les prévenus ou les inculpés sont déférés aux juridictions qui doivent les juger. (Brayer. Dictionnaire général. T. II, page 724.)

Ceci étant donné, que doit être la police ? — L'ennemie des malfaiteurs, la protectrice des honnêtes gens, la gardienne vigilante de l'ordre public entendu dans son sens naturel.

Je sais bien que si on veut ergoter et jouer sur les mots on pourra objecter : « Mais, qu'appelez-vous *l'ordre*? Est-ce l'ordre comme sous l'Empire ? Est-ce *l'ordre moral* ? Est-ce l'ordre de M. Rouher, de M. de Broglie, de M. de Fourtou, etc.? — A cela je répondrai : « C'est l'ordre de M. Tout-le-Monde ; c'est l'état social dans lequel chaque homme vit à sa guise mais en paix ; où le voisin respecte les droits de son voisin ; où le paresseux ne doit pas vivre aux dépens du travailleur ; où chacun est libre de ses actes, marche, travaille, pense, parle, écrit librement en respectant les autres ; où tous sont indépendants sous la seule dépendance de la loi.

Or, dans cet état de choses, la police, s'inspirant des lois, doit être juste. A quoi pourrait-elle donc être bonne, sous un gouvernement démocratique, si elle ne s'inspirait pas absolument des idées de justice ? La police juste est d'une utilité incontestable : elle exerce une action rassurante pour tont ce qui est honnête. La police injuste serait un danger permanent et redoutable pour la société et pour le gouvernement qui administre cette société.

La police doit être l'incarnation de la loi, c'est-à-dire, de la justice, et son action est limitée par la loi même. En se renfermant consciencieusement dans ces limites, la police peut beaucoup. Elle peut tellement, que certains critiques trouvent son pouvoir trop grand. Par contre, d'autres le trouvent trop restreint.

Oh ! je sais bien que sous certains régimes la police a été entraînée hors du cadre que la loi lui avait tracé, et s'il en était encore ainsi, ceux qui s'insurgent contre elle auraient mille fois raison et je serais le premier à encourager leurs protestations. Mais il n'en est plus ainsi et je le prouve.

Qu'était la police sous l'empire?

Disons-le tout d'abord. Elle jouait un très grand rôle, rôle prépondérant car elle était mêlée à tout : bien souvent à des choses auxquelles elle aurait dû rester complétement étrangère. Il ne faudrait pas se méprendre, pourtant, à ce mot de prépondérance, et il est bon d'ajouter immédiatement que ce mot n'est exact et réellement applicable qu'en ce qui concernait la situation de la police à l'égard du pouvoir.

De cette situation d'omnipotence aurait dû découler une considération exceptionnelle de la part de la société. En était-il ainsi ? — Au contraire ; et des faits innombrables ont prouvé que la considération du pays envers la police était en raison inverse de l'importance que le gouvernement affectait d'attribuer à cette institution qu'il détournait toujours davantage de son but. A mesure que la police étendait son action et devenait plus gênante, plus encombrante, le peuple lui dosait son estime en proportions tellement décroissantes qu'à la chute du régime elles étaient devenues, pour ainsi dire, microscopiques.

Comment le personnel de la police était-il recruté, d'ailleurs ? — On demandait trop à ceux qui entraient dans cette administration — comme dans toutes les autres — d'où ils venaient, et pas assez ce qu'ils valaient. On voulait, avant tout, des hommes d'action, sans scrupules, et on avait souvent des hommes sans conscience. La capacité et l'intelligence étaient reléguées au second plan et devaient forcément céder le pas au zèle immodéré qui était encouragé et récompensé.

Dans ces conditions la police était-elle aimée ? — Non. — Etait-elle respectée? — Pas davantage. — Etait-elle redoutée? — Oui : surtout, hélas ! de ceux qui n'auraient dû rien craindre. C'est cette dernière condition que le gouvernement voulait que la police obtînt ; et cela se comprend : elle n'était qu'une branche d'une organisation redoutable dont l'élément initial était la force.

Il y avait certainement dans le personnel de la police impériale d'honorables exceptions puisque certains de ses membres ont été conservés par le gouvernement actuel qui les juge dignes de sa confiance ; mais, malheureusement, les commissaires de police, en général, soit par l'exemple contagieux dont ils étaient entourés, soit par les instructions qu'ils recevaient, étaient trop enclins à l'arbitraire et à la tyrannie. Ce n'est pas sans quelque apparence de raison que quelqu'un a pu dire qu'ils auraient fini par ne plus voir dans les trente millions de français que trente millions de malfaiteurs. En effet, l'opposition gagnait chaque jour du terrain et certains hommes de police ne faisaient guère de différence entre un criminel et un citoyen suspect d'opposition.

Combien de fois, inconsciemment ou guidés par la haine dont ils étaient originellement animés contre tous ceux qui ne reflétaient pas docilement et exactement l'image impériale, combien de fois, dis-je, les commissaires de police, surtout ceux des petites villes, n'ont-ils pas aggravé de parti-pris les situations les plus bénignes ! Combien de fois, dans leurs notices ou dans leurs rapports, n'ont-ils pas signalé comme individus *dangereux* des citoyens parfaitement inoffensifs, coupables seulement de ne pas s'associer aux cérémonies du culte dynastique !

Individu dangereux ! Voilà certes un cliché

dont la police impériale a terriblement abusé. On le retrouvait jusque dans les procès-verbaux des gardes-champêtres relatant des contraventions d'abandon de volailles dans les champs.

Ceux qui faisaient cela étaient des grotesques, dira-t-on. — Grotesques tant que vous voudrez, ils n'en reflétaient pas moins l'image de ceux qui étaient au-dessus d'eux, et, quelque exagérée qu'elle fût, l'expression dont ils se servaient n'en était pas moins l'écho fidèle, quoique grossi, des instructions données, des ordres reçus.

C'est donc avec raison que je disais plus haut : La police impériale était-elle aimée ? — Non. — Etait-elle respectée ? — Pas davantage. — Etait-elle redoutée ? — Oui.

Redoutée ! je crois bien : elle l'aurait été à moins. C'est qu'on avait tôt fait de transformer un honnête père de famille en criminel. Les listes signalétiques trouvées en 1870 sont là pour le prouver. Et ce n'est pas seulement au point de vue politique que les citoyens signalés couraient des dangers. S'ils étaient poursuivis pour autre cause devant les tribunaux, leur mauvaise réputation rejaillissait sur leur affaire, et Dieu sait (et les hommes aussi s'ils ont bonne mémoire) comment elle se terminait. La réforme de la magistrature, (depuis si longtemps réclamée), opérée dernièrement est la preuve éclatante de ce que je viens d'avancer.

Si je voulais établir d'une façon indéniable le rôle politique étrange que le pouvoir faisait jouer à la police, je n'aurais peut-être qu'à fouiller dans les archives de mon commissariat. Je n'en ferai rien parce que je crois que le fonctionnaire a le dépôt et non pas la propriété des documents qu'il détient par le fait de sa fonction. Il ne doit donc s'en servir autrement que pour les besoins du service qui lui est confié. Par conséquent, je ne suivrai pas le retentissant exemple récemment donné par un ancien préfet de police, et je me contenterai de communiquer des pièces qui ont déjà été publiées par la presse :

« En 1857, des ordres singuliers furent donnés à la gendarmerie, et ces ordres troublèrent bien des consciences. Mais la crainte de voir briser des positions lentement et péniblement acquises étouffait les indignations.

Cependant une voix s'éleva.

Ce fut celle d'un capitaine, M. de Bouyn, qui eut le courage d'adresser la lettre suivante à l'empereur. »

« Paris, le 8 janvier 1857. »

« Sire : »

« Le capitaine de Bouyn (Frédéric) vous sup-
» plie de lui accorder la grâce de venir devant
» votre Majesté pour lui faire connaître des mesures
» qui portent atteinte à la dignité d'une arme dont
» tous les actes doivent être publics et jamais de
» nature à détruire sa considération. »

« Le décret impérial du 1er mars 1854, art.
» 119, est ainsi conçu : « Dans aucun cas, ni
» directement ni indirectement, la gendarmerie ne
» doit recevoir de missions occultes qui lui
» enlèvent son caractère véritable.

« D'après des instructions que j'ai entre les
» mains, il m'a été ordonné de dire combien,
» dans mon arrondissement, il y a de légitimistes,
» orléanistes, républicains, socialistes, etc ; de
» surveiller leurs démarches, allées et venues,
» leurs relations, leurs faits et paroles, les con-
» naître et les nommer. »

« Tous mes subordonnés doivent être employés
» par moi à remplir cette mission et doivent me
» faire des rapports. »

« Dans d'autres circonstances, mes subordonnés
» ont dû, en exécution d'ordres qu'on m'avait
» laissé ignorer, employer tous les moyens pour
» assurer une candidature, empêcher celle d'une
» autre personne, quelque honorable qu'elle fût,
» malgré toutes les sympathies des populations
» et des autorités du pays, parce que, pour des
» motifs personnels, ou préférait la première.
» J'ai défendu à mes subordonnés d'exécuter ces
» ordres, qui étaient imprudents. »

« Toutes ces mesures ont un inconvénient plus
» grand que de déconsidérer une arme. »

» Un décret de vous voulait, Sire, que la gen-
» darmerie veillât au repos public, qu'elle fît
» respecter la loi, qu'elle fût la protectrice de
» tous, qu'elle fût paternelle, mais redoutée seu-
» lement par les malfaiteurs. Rien dans sa ma-
» nière d'être ne doit exciter de la méfiance, rien
» ne doit faire supposer que ses devoirs deman-
» dent mystères et ténèbres. »

» Le jour, où devant moi, tout le monde se

» tairait, ce jour-là je serais honteux de moi-même
» et me croirais déshonoré. »

» Il ne peut être de la compétence de la gen-
» darmerie de chercher à pénétrer les tendances
» politiques de chacun. Elle ne doit pas abuser de
» la confiance qu'on peut avoir dans la dignité
» qu'on lui suppose. »

» Un officier qui profiterait de son accès dans
» le monde, pour étudier les gens, pour les si-
» gnaler, méconnaîtrait sa dignité et ses devoirs.
» Il arrive un jour où les malintentionnés se tra-
» hissent eux-mêmes, et c'est alors qu'ils se trou-
» vent en face de la gendarmerie, toujours fidèle
» à sa mission, et d'autant plus prompte qu'il n'en
» coûte rien à sa délicatesse. »

» Je vous supplie, Sire, de m'accorder l'insigne
» honneur d'être admis devant votre majesté, non
» pas pour accuser qui que soit, mais pour vous
» faire connaître des faits dont les conséquences
» ont pour résultat de donner des rapports
» inexacts, d'indisposer les populations et de faire
» des ennemis à votre gouvernement. »

» Fils d'un ancien officier supérieur du premier
» empire, c'est vous même qui m'avez placé la

» croix sur la poitrine, et je m'en souviendrai
» toujours. Comme moi, mes deux frères sont
» dans l'armée, mais comme moi, (je n'en doute
» pas), ils renonceraient à leur carrière, le jour
» où l'on exigerait d'eux quelque chose d'incom-
» patible avec la délicatesse. »

« J'ai l'honneur d'être, avec un très profond
» respect, Sire, de Votre Majesté, le très-humble
» et dévoué sujet. »

« Le Capitaine de Gendarmerie, »
« Frédéric de BOUYN. »

» A Aurillac (Cantal). »

» N'est-ce pas que voilà une belle lettre et
qui fait honneur à celui qui l'a écrite.

On dit que Charles IX fut touché de la lettre
du vicomte d'Orthez, gouverneur de Bayonne,
refusant d'exécuter contre les protestants, des
ordres qui répugnaient à sa conscience.

Voici ce qui fut répondu au capitaine de Bouyn.

« Cabinet de l'empereur. » « Palais des Tuilleries, le 22 janvier 1857. »

« Monsieur, »

» La première loi de la hiérarchie militaire est
» d'exécuter, sans commentaires, sans interpré-

» tations fâcheuses, les instructions transmises
» par ses supérieurs. Ce n'est donc pas sans une
» surprise extrême que l'empereur a reçu une de-
» mande d'audience pour discuter les ordres éma-
» nés de vos chefs. A l'avance même, vous leur
» donnez la qualification d'occultes, qui emporte
» toujours avec elle quelque chose d'odieux. Vous
» pouvez en recevoir de confidentiels, mais non
» d'occultes, de ténébreux. »

» Aussi, loin de vous accorder l'entretien que
» vous sollicitez, sa Majesté me charge de vous
» témoigner formellement toute sa désapproba-
» tion. »

« A M. de Bouyn, capitaine de Gendarmerie à
» Aurillac (Cantal.) »

Que dites-vous, maintenant, lecteurs, de la
réponse faite au nom du souverain à cet honnête
homme qui veut faire respecter les épaulettes
et la croix qu'il a conquises au prix de son
sang. »

» Le capitaine de Bouyn qui avait vingt et un
ans de services, quinze campagnes, qui était chevalier de la Légion d'honneur, et qui avait eu le

pied brisé par une balle en Crimée fut puni d'un mois d'arrêts et l'ordre de son renvoi de la Gendarmerie fut demandé. » [1]

Comment la police, spécialement affectée à l'espionnage et à la provocation, n'aurait-elle pas fini par devenir complétement odieuse à un peuple qui, peu à peu, se ressaisissait et reprenait les traditions de la liberté.

C'est de cette fàcheuse situation que nous avons hérité après les désastres de 1870. Elle a rendu notre mission plus difficile, plus délicate, mais, disons-le aussi, plus méritoire.

Heureusement pour eux, tous les nouveaux venus n'ont pas maléficié de la haine inspirée par leurs prédécesseurs ; mais tous ou presque tous ont eu à souffrir de l'aversion qui s'était attachée à leurs fonctions par suite des procédés brutaux et vexatoires précédemment employés par ceux qui détenaient ces fonctions.

Il a fallu du temps pour arriver à modifier les idées du pays à notre égard. Plusieurs années n'ont pas suffi parce que, il faut le reconnaître,

[1] « Journal *Le National* du 12 Janvier 1879. »

la démonstration n'a pas toujours été heureuse ni complète. — Je m'expliquerai à ce sujet dans une autre partie de ce livre. — Mais, poursuivons et ajoutons que pour nous faire rentrer en grâce dans l'opinion publique, il a fallu lui donner la preuve journalière d'une conduite nouvelle et d'une attitude plus modérée, plus correcte et plus digne. Voyant que nous sommes réellement et loyalement ce que nous devons être, les populations saines nous respectent sans nous redouter, et, si nous le voulons, elles nous estiment.

Maintenant, grâce aux exemples d'en haut, à l'amélioration des idées, aux progrès accomplis, tout s'harmonise, s'élève et s'épure. Sous un régime de haute tolérance et de libre discussion, sous un gouvernement respectueux de tous les droits, les fonctionnaires de notre ordre ne sont plus, comme autrefois, les exécuteurs passifs des basses œuvres du pouvoir. En nous laissant à notre labeur naturel le gouvernement ne craint pas que son autorité s'amoindrisse parce qu'il n'ignore pas que les tracasseries de la police ne sauraient constituer la force d'un pouvoir issu

de la volonté nationale et s'appuyant sur les principes de liberté. Par cela seul nous gagnons en
considération. Notre mission est plus digne et
plus haute ; elle s'exerce selon les seules prescriptions de la loi et les rigueurs de notre conscience. Aussi, ceux d'entre nous qui se renferment honnêtement dans leur devoir de vigilance
sociale, de protection générale et de dévouement
à la chose publique, ont-ils droit au respect de
tous et en reçoivent-ils chaque jour des témoignages incontestables.

Le public comprend admirablement aujourd'hui
l'importance et l'utilité de notre action. Il sait
qu'elle s'exerce d'une façon permanente sur tout
ce qui l'intéresse, sur tout ce qui lui est cher ;
aussi nous considère-t-il, non plus comme des
ennemis dangereux dont il doit se défier, mais,
au contraire, comme des soutiens fidèles, pré-
voyants et dévoués qui ont été placés au milieu
de lui pour le protéger et le défendre contre tout
ce qui est nuisible et dangereux. Par suite, nous
respecte-t-il et nous aime-t-il quand nous le mé-
ritons, c'est-à-dire, quand nous remplissons
notre mission en honneur et en conscience ainsi

que nous l'avons solennellement juré en prêtant le serment professionnel.

Est-ce à dire que tout soit parfait dans la police et qu'elle puisse avoir des prétentions à l'infaillibilité? Non, car certains de ses membres peuvent commettre des erreurs et même des fautes. Mais, parce qu'un commissaire de police, un agent quelconque aura été imprudent ou coupable, s'ensuit-il qu'il faille lancer l'anathème contre l'institution dont fait partie l'agent répréhensible? — Allons donc! Lorsqu'une dent se brise dans un engrenage, est-ce que l'on va déclarer immédiatement que tout le mécanisme est mauvais et inutilisable? — Non : on répare, on remplace les parties défectueuses et la machine reprend sa marche normale. En procédant ainsi on agit selon les lois de la raison et on ne saurait mieux faire. Or, la police peut avoir, comme toutes les organisations humaines, certains côtés défectueux qui demandent à être améliorés. Que celui qui est sincèrement passionné pour le bien signale loyalement les réformes qui pourraient être accomplies, et nul ne s'en plaindra, les hommes qui sont à la tête du gouvernement

moins que personne, parce qu'ils n'ont aucun intérêt à perpétuer le mal.

Eh bien, c'est ce que ne fait pas un publiciste
de talent qui a écrit sur la police un ouvrage critique que j'ai sous les yeux [1]. Loin de moi la pensée d'entreprendre ici la réfutation détaillée des
critiques formulées par cet écrivain. Ce travail
est déjà fait d'ailleurs par les esprits sensés qui
ont lu son ouvrage. On sent, dès les premières
pages, le parti-pris et l'aversion instinctive dont
l'auteur est animé contre l'institution qu'il examine. Je ne m'attarderai donc pas à faire ressortir ce qu'il y a de préconçu dans l'exposé des
faits qu'il dénonce ; ce qu'il y a de faux dans les
jugements qu'il porte, et je me contenterai de
dire que sa critique est trop mesquine et trop
absolue en même temps, et qu'elle ne s'inspire
pas suffisamment de cet esprit de justice qu'il
reproche tant à la police de ne pas posséder.

En effet : il cite les textes anciens ; il étudie la
police sous la monarchie de droit divin, et en
arrivant à la police actuelle, c'est à peine s'il si-

---

(1) La Police par Yves Guyot.

gnale la moindre solution de continuité. Alors
que, depuis moins d'un siècle, il s'est produit
des changements si considérables dans les mœurs
et dans les lois, n'est-il pas excessif — pour employer un euphémisme — de prétendre que la
police est aujourd'hui ce qu'elle était avant la
révolution ; ce qu'elle était encore, par exemple,
quand M. de Montlosier, parlant du peuple, s'é-
criait : « Race d'affranchis, race d'esclaves
» arrachés de nos mains, peuple tributaire, peu-
» ple nouveau, licence vous fut octroyée d'être
» libres, et non pas à nous d'être nobles ; pour
» nous tout est de droit, pour vous tout est de
» grâce. Nous ne sommes point de votre commu-
» nauté ; nous sommes un tout par nous-mêmes.
» Votre origine est claire ; la notre est claire
» aussi : Dispensez-vous de sanctionner nos ti-
» tres ; nous saurons nous-mêmes les défen-
» dre [1]. »

Comment ! il s'est produit sur le sol français,
depuis 89, des cataclysmes qu'aucune autre nation n'a connus ; qui ont complétement transfor-

---

[1] Augustin Thierry. Dix ans d'études historiques.

mé, non-seulement les mœurs, l'esprit, l'état politique du pays, mais sa constitution géographique ; et vous voulez qu'au milieu de tous ces bouleversements, de toutes ces modifications la police soit restée immuable ? Non, cela ne se soutient pas. La police a fait comme le reste : elle a subi le contre-coup des évolutions sociales ; elle a avancé ou reculé selon les régimes qu'elle a dû servir, et, depuis quelques années, je l'ai déjà dit, elle a progressé et elle s'est améliorée. Voilà ce qu'il est impossible de méconnaître sans injustice.

L'auteur susdit, parlant du rôle providentiel attribué à la police, cite ainsi Delamarre qui écrivait son traité à la fin du dix-septième siècle :
» J'ai commencé par prouver l'existence et la
» nécessité de la police, la dignité de ses ma-
» gistrats et la soumission que l'on doit à ses
» lois ; j'ai ensuite montré que son unique objet
» consiste à conduire l'homme à la plus parfaite
» félicité dont on puisse jouir en cette vie. »

« Ce bonheur de l'homme, comme chacun sait,
» dépend de trois sortes de biens, les biens de
» l'âme, les biens du corps et ceux qu'on appelle

» de la fortune. La privation des premiers jette
» les ténèbres dans son esprit, corrompt son
» cœur et lui fait oublier ses principaux devoirs ;
» celle des seconds l'abandonne à la langueur
» et aux souffrances, et si les derniers lui man-
» quent, il est rare, sans une grâce d'en haut ou
» des secours tout particuliers, qu'il puisse jouir
» d'un véritable repos. On trouvera suivant cet
» ordre, dans le cours de ce traité par rapport
» au bien de l'âme, toutes les lois qui concernent
» la religion et les mœurs ; pour les biens du
» corps, toutes celles qui ont pour objet, la santé
» les vivres, les habits, le logement, la commo-
» dité des voies publiques, la sûreté et la tran-
» quillité de la vie. La science et les arts libéraux
» sont une espèce de classe à part où l'on peut
» dire que se trouvent renfermés tous ces diffé-
» rents biens que la police a pour objet. »

Poursuivant son étude, l'auteur veut bien reconnaître qu'après le dix-huitième siècle la police
n'avait plus à régler le commerce des étoffes, à
maintenir les ouvriers dans l'ordre et la discipline établie par les règlements, à retrancher
l'excès du luxe, et qu'elle n'avait plus à passer

son temps en tracasseries contre les boulangers
et les bouchers sous prétexte d'assurer l'approvi-
sionnement. Il déclare que la Constituante limita
beaucoup le rôle de la police qui ne fut plus chargée
d'assurer de gré ou de force le bonheur intégral
des citoyens. Il cite l'article·50 de la loi du 14
décembre 1789 et le titre XI de la loi des 16-24 août
1790 qui énumèrent les attributions de la police,
puis il ajoute : « Il n'est plus question ici de faire
vivre chacun selon sa condition, d'assurer la
subsistance des habitants, de réglementer leur
toilette. » Il trouve que le rôle et les difficultés
de la police sont très-bien expliqués dans l'instruction pour la procédure criminelle (préambule
au titre de la police de la loi du 21 octobre 1791)
ainsi conçue : « L'action de la police doit être
» assez modérée pour ne pas blesser l'individu
» qu'elle atteint. Il ne faut pas qu'il ait à regretter
» l'institution d'un pouvoir constitué pour son
» avantage, et que les précautions prises en sa
« faveur soient plus insupportables que les maux
» dont elles doivent l'affranchir. »

« Les fonctions de la police sont délicates. Si
» les principes en sont constants, leur application

» du moins est modifiée par mille circonstances
» qui échappent à la prévoyance des lois ; et ces
» fonctions ont besoin pour s'exercer d'une sorte
» de latitude de confiance, qui ne peut se reposer
» que sur des mandataires extrêmement purs. »

Enfin, ajoute le même auteur, les articles 16 et 17 du Code des délits et des peines du 3 Brumaire, an IV, spécifient encore plus nettement le rôle de la police en disant : — « La police est » instituée pour maintenir l'ordre public, la liberté, » la propriété, la sûreté individuelle. »

Il annonce que son livre a pour but d'étudier la manière dont ce programme a été interprété et appliqué, et, dans la suite, il s'attache à démontrer que le dit programme a toujours été et est encore mal interprété et déplorablement appliqué.

S'il concède, en certaines pages, que les conditions d'existence et de fonctionnement de la police ont reçu d'heureuses modifications, il s'empresse d'ajouter que ses prétentions à l'omnipotence n'ont pas varié, que l'esprit qui l'ani ne et la pensée qui la dirige n'ont nullement changé. Et il s'indigne d'une foule de petits faits qu'il examine au microscope et qu'il rassemble en un formidable dossier contre la police dont il fait sa tête de turc et le bouc émissaire de toutes les iniquités sociales. Et il reproche à la police ses attentats à la liberté, ses arrestations arbitraires, son manque de loyauté, et surtout sa justice distributive.

J'ouvre ici une parenthèse pour citer un fait qui m'a permis de constater l'exagération habituelle de certains publicistes.

Tout le monde se souvient de la fameuse affaire Bernage qui, en 1879, fut un des épisodes les plus retentissants de la campagne entreprise à Paris contre la police des mœurs. Non-seulement cette affaire souleva de violentes discussions dans la presse, mais elle se déroula devant les tribunaux et elle monta jusqu'à la tribune législative.

L'an dernier, le hasard me mit en présence de l'héroïne ou, si vous aimez mieux, de la victime de l'histoire dont je parle. Pensant que cette jeune personne avait dû garder à la police des sentiments peu sympathiques, je profitai de la première occasion que me fournit la conversation pour décliner ma qualité de commissaire de police. Je m'attendais à provoquer ainsi un vif mouve-

ment de répulsion. C'est le contraire qui arriva.
La charmante actrice devint aussitôt plus com-
municative, et elle me déclara spontanément que,
dans ses pérégrinations artistiques, elle n'avait
eu qu'à se louer de la bienveillance, des bons
procédés et du dévouement de MM. les commissaires de police.

J'en conclus que Mlle Bernage ne professait pas
pour la police autant d'aversion que ceux qui
avaient pris, peut-être avec plus de vigueur que
de sincérité, la défense de sa réputation ; et cela
me prouva une fois de plus qu'en toute matière
il y a des gens qui sont toujours plus royalistes
que le roi.

Je ferme la parenthèse et je reviens à M. Yves
Guyot.

Je sais bien que cet écrivain qui a particulièrement en vue la police de Paris ne tire pas de
son ouvrage les conséquences radicales qui paraissent en découler naturellement. Je crois que,
sauf certaines modifications particulières, il con-
serverait l'institution actuelle et que son principal désir serait de la voir changer de mains. Tout
serait donc au mieux dès que d'autres hommes

prendraient la direction de la police ? Si tel est vraiment le but principal que se propose ce publiciste, il devrait comprendre que sa critique n'atteint par la portée qu'il voudrait lui donner.

Ah ! vous prétendez que la police fait de l'arbitraire et vous lui reprochez amèrement de ne pas se renfermer assez strictement dans les limites tracées par le code dont chaque article est, vous le reconnaissez, sujet à interprétation ! Mais, à vous entendre, toute action préventive serait arbitraire et coupable. Vous n'êtes pas éloigné de le croire et vous écrivez : « Sous prétexte que » certaines paroles, que certains actes commis » par certaines personnes, peuvent choquer les » idées d'autres personnes, on défend ces actes. » Ce n'est que peu à peu qu'on arrive à com- » prendre que la liberté d'appréciation et la liberté » d'agir sont connexes. Chacun doit faire et dire » ce qui lui plait : les autres en penseront ce » qui leur plaira. »

Eh bien, non ! cette théorie de la liberté illi- mitée n'est pas admissible dans la société ac- tuelle ; et lorsque la police obéissant aux lois s'oppose à l'application publique de cette doc-

trine, elle remplit fidèlement son devoir. Vous
dites que « dans cinquante ans, tout le monde
» sera révolté quand on verra qu'il y avait des
» gens poursuivis, traqués, condamnés pour ou-
» trages aux mœurs, à la morale publique, et
» personne ne comprendra que, sous prétexte de
« faire respecter les mœurs et la morale, il y
» avait une police des mœurs, chargée de veiller
» à l'organisation officielle de la polyandrie et de
» la polygamie, » — Dans cinquante ans, il est
possible que cet étonnement se produise si, d'ici
là, la transformation des mœurs a permis la
transformation des lois ; si la société d'alors ne
ressemble plus à celle d'aujourd'hui ; si la morale
ou la prostitution ont disparu ; mais, pour l'instant, la majorité du peuple français ne partagera
pas votre amour effréné de la liberté jusqu'à admettre avec vous la liberté de la pornographie
s'étalant bruyamment et cyniquement sur nos
trottoirs et sur nos murs. La police, usant des
droits que lui confère la loi, fera sincèrement tout
ce qui dépendra d'elle pour arrêter et faire disparaître autant que possible cette lèpre sociale.
Et maintenant, prenez votre air le plus dédaigneux

et appelez cela *justice distributive* si bon vous semble, et je vous répondrai que j'aime encore mieux la justice avec ou sans épithète que le chaos, et que j'éprouverais de grandes craintes pour mon pays si ceux qui sont à sa tête ne savaient plus dire : *sub lege libertas !*

Ah ! quand nous en serons arrivés à l'âge d'or où on n'entendra plus parler ni d'assassins, ni de voleurs, ni de menteurs, ni de sycophantes, ni d'imbéciles ; quand tous les hommes seront honnêtes, loyaux purs et parfaits, on pourra, sans danger, réformer en bloc et supprimer le code, la justice, la police, les prisons et une foule d'autres choses qui gênent considérablement aujourd'hui ceux contre qui elles sont appliquées. Mais, malheureusement, l'âge d'or n'est pas encore venu, et nous devons nous contenter d'améliorer successivement et patiemment ce qui existe en n'oubliant jamais qu'une réforme n'est possible que lorsqu'elle peut s'harmoniser avec les mœurs, sans quoi elle ne saurait donner le résultat attendu.

Nier cela n'est-ce pas fermer systématiquement les yeux à la lumière ? Blâmer le gouver-

nement parce qu'il ne donne pas raison aux artisans de discorde contre ceux qui ont reçu mission de maintenir l'ordre, n'est-ce pas chercher
à détruire tout gouvernement et conduire son
pays à l'anarchie ! Ceux qui exposent de pareilles
théories — ils sont peu nombreux heureusement,
— méritent qu'on leur réponde ce que Caton
disait aux romains qui préparaient inconsciemment la chute de la République et l'avéne-
ment de César : « Ah ! si vous aviez écouté au-
» trefois les conseils de la sagesse vous ne se-
» riez pas obligés, pour vous défendre contre
» un seul, de vous reposer sur un seul qui ne
» peut que vous répondre : N'importe quel pou-
» voir, même celui d'un seul, plutôt que l'anarchie. »

Un jour, j'entendais formuler la même pensée
par un homme dont on ne saurait contester la
sincérité républicaine. Pascal Duprat terminait
ainsi une de ses conférences : « J'aimerais mieux
» voir mon pays tranquille sous une monarchie
» puissante, plutôt que de le voir se débattre
» misérablement aux mains d'une République
» qui le traînerait dans le sang et dans les rui-

nes. » J'étais jeune alors, et cette parole me frappa tellement qu'elle m'aurait fait douter de la probité politique de Pascal Duprat si un tel homme avait pu être soupçonné et s'il n'avait pas été l'image vivante de la fidélité aux principes démocratiques. Depuis, j'ai souvent réfléchi à cette parole, surtout dans les moments de trouble public, et plus je vais, plus je la trouve juste, car je suis d'avis qu'il faut une mesure en toutes choses et que la liberté doit aussi avoir ses bornes qui pourront être progressivement écartées mais que l'on ne saurait supprimer brusquement et complétement sans exposer la patrie aux plus terribles dangers.

Mais la situation n'a rien de tragique. César n'est pas aux portes de Rome, je veux dire de Paris. Il est bien mort ; la sagesse du peuple français l'empêchera de renaître, et les piqures d'épingle que des pamphlétaires incorrigibles font aux talons de la République ne la feront pas chanceler.

En moins de quinze années, grâce à la patience, à la persévérance; à la sagesse pleine de fermeté du suffrage universel, notre pays est passé du régime de la compression à celui de la liberté. Et aujourd'hui, des libéraux incompréhensibles viennent déclarer que dès l'instant que tout ce qu'ils désirent n'est pas fait il n'y a rien de fait ; que la police est aujourd'hui ce qu'elle était sous l'empire ; que le préfet de police actuel ressemble exactement aux Dubois, aux Gisquet, aux Piétri parce qu'il est animé du même esprit, imbu des mêmes préjugés que ses prédécesseurs.

Est-ce sérieux, cela ? et n'est-il pas juste de répondre à ceux qui tiennent un tel langage : — Vous prêtez peu charitablement vos défauts à autrui. C'est vous seuls qui n'avez pas changé. Sous l'empire vous étiez dans l'opposition et vous y êtes encore, non pas, comme vous le dites, parce que le régime actuel est aussi détestable que l'ancien, mais parce que l'opposition est votre élément et que vous n'avez pas su ou que vous n'avez pas pu en sortir. Vous ne semblez pas avoir apprécié le labeur immense accompli en quelques années par votre pays ; les efforts inouis qu'il a fallu faire pour implanter la république au cœur du paysan français. Vous avez conservé votre attitude d'il y a quinze ans, et au lieu d ap-

puyer le gouvernement que vous réclamiez autrefois, vous le combattez avec un acharnement
capable de rendre jaloux ses pires adversaires.
Au lieu de l'aider, de le soutenir dans son mouvement ascensionnel, vous creusez chaque jour
plus profonde l'ornière dans laquelle vous lui reprochez de rester et d'où il est obligé de se dégager sans vous, on pourrait presque dire malgré
vous. En un mot, vous ne savez pas être justes
parce que vous avez la monomanie de l'opposition
et que, pour vous, le gouvernement, quel qu'il
soit, est toujours l'ennemi qu'il faut combattre.
Vous ne savez pas vous contenter de demander
la réalisation méthodique et progressive des réformes possibles. Vous rêvez d'un pouvoir irréprochable dans ses actes comme dans son organisation. Vous voulez qu'il atteigne immédiatement un degré de perfection irréalisable et inconciliable avec la faillibilité inhérente à l'humanité. Idéologues délirants ! vous voulez, sans
travail préalable, transformer tous vos rêves en
réalités et vous avez la prétention de donner au
progrès une envergure que ce siècle ne comporte
pas. Allons ! fouettez à tour de bras vos chevaux

sans frein, et au milieu du tourbillon de poussière qui vous environne regardez les roues de votre véhicule : elles tournent à rebours et vous marchez à reculons !

En parcourant l'ouvrage de M. Yves Guyot je suis allé plus loin que je ne pensais. Voulant dire mon sentiment sur la police, j'ai trouvé sous ma main un livre nouveau traitant le même sujet, j'ai cru qu'il était de mon devoir de le lire d'abord puis d'y répondre un mot. Je me suis laissé entraîner, et, du même coup, j'ai répondu à d'autres, moins justes et plus violents. Je ne regrette pas pas de l'avoir fait, mais cela suffit et je m'arrêterai là.

A quoi bon insister d'ailleurs ; et surtout, à quoi bon récriminer. Il est salutaire que toutes les idées se produisent au grand jour parcequ'elles sont discutées avant d'être pratiquées et que, par cela même, nous sommes à l'abri des surprises décevantes. C'est du choc des idées que jaillissent la lumière et le progrès. Donc que chacun émette librement son idée et défende honnêtement ce qu'il croit être la vérité, l'opinion et le temps jugeront en dernier ressort.

Ayant adressé un grave reproche à M. Guyot en l'accusant de manquer de mesure dans sa critique, je serais injuste envers lui si, après avoir signalé ce que j'ai trouvé de mauvais dans son livre, je ne disais pas aussi, avec la même franchise, ce qui m'a plu. Je prendrai donc sa conclusion que je trouve excellente et à laquelle je me rallie entièrement, et je m'en servirai pour terminer cette causerie qui ne saurait être plus nettement résumée.

« La police doit se servir des découvertes de la science moderne. Ce n'est pas par sa brutalité, c'est par sa supériorité intellectuelle qu'elle pourra assurer la sécurité. Le temps des Vidocq doit disparaître : les hommes de la police doivent apporter dans leur œuvre les procédés de la méthode et de l'investigation scientifiques.

« Au lieu d'avoir une police nerveuse, brutale, théâtrale, dramatique, aimant la réclame, il s'agit d'avoir une police tranquille, faisant son œuvre en silence, fonctionnant avec des frottements doux, sans bruit, mais avec la précision et la continuité d'une machine bien conçue, bien montée et composée de matériaux de premier choix. »

On ne peut se dispenser d'applaudir un tel langage et je suis d'autant plus heureux d'avoir pu faire cette citation, qu'il s'en dégage, à mon avis, cette pensée consolante que l'accord pourra toujours s'établir entre les hommes qui poursuivront sincèrement et sans arrière-pensée personnelle l'étude des questions propres à développer la liberté, le bien-être et la grandeur de leur pays.

LES COMMISSAIRES DE POLICE

*Leurs rapports avec les diverses autorités dont
ils relèvent et avec certains fonctionnaires.*

J'aborde ici la partie la plus délicate du travail
que j'ai entrepris. Je vais m'efforcer de traiter
ce sujet sans froisser aucune susceptibilité ; avec
assez de netteté pour être compris ; sans trop
appuyer pour ne blesser personne.

Dans les temps les plus reculés, dès le commencement de la civilisation, dans toutes les
sociétés, les peuples ou leurs gouvernants ont
compris la nécessité d'assurer la sûreté et la
tranquillité publique et ont délégué certains
hommes pour l'exécution des mesures prises
dans ce but.

C'est ainsi que nous trouvons, dans l'ancienne
Rome, les *curatores regionum urbis, magistratus
minores*, qui avaient pour mission de surveiller
les quatorze quartiers de la ville.

·A l'origine de la monarchie française, nous rencontrons des magistrats qui sous le nom de *adjutores, oculi magistratuum, missi comitum, missi discurrentes, missi regales* remplissaient une mission administrative et judiciaire.

Plus tard, apparaissent les commissaires enquêteurs et examinateurs qu'à Paris on nommait *commissaires au Châtelet,* et à la mission desquels notre mission ne ressemble plus guère, heureusement pour nous et pour bien d'autres.

L'édit de novembre 1699 créa, en titre d'offices héréditaires, des commissaires de police qui étaient chargés de l'exécution des ordres donnés par les lieutenants généraux de police.

Après le décret suppressif du 4 août — 21 septembre 1789 qui fit disparaître toute cette vieille organisation, une disposition transitoire intervint le 19 avril 1790, et enfin, les commissaires de police actuels furent institués par la loi du 28 pluviôse, an VIII. Leurs attributions d'officiers de police judiciaire ont été réglées par le code d'instruction criminelle, et en matière administrative et municipale leurs fonctions ont été délimimitées par diverses lois, décrets et instructions ministérielles que nous allons citer par extraits.

Dans les villes de 5,000 à 10,000 habitants, il y aura un maire, deux adjoints et un commissaire de police ; dans les villes dont la population excèdera 10,000 habitants, outre le maire, deux adjoints et un commissaire de police, il y aura un adjoint par 20,000 habitants d'excédant et un commissaire de police par 10,000 d'excédant. (Loi du 28 pluviôse, an VIII art. 12.)

Voilà l'institution des commissaires de police dont l'organisation, le traitement, etc., ont été modifiés depuis par le Consulat, le premier Empire, la Restauration, la Monarchie de juillet, et enfin par les décrets des 28 et 31 Août 1852, 17 Janvier 1853, 27 Février 1855 et par les décrets du gouvernement de la défense nationale des 10 et 11 Septembre 1870 supprimant les commissariats cantonaux et abolissant le serment politique.

Les fonctions des commissaires de police sont de deux sortes : *administratives* et *judiciaires*.

Comme fonctionnaires administratifs, les commissaires de police concourent à la police générale en veillant à l'exécution des lois et réglements qui intéressent la sûreté publique.

Ils sont d'ailleurs spécialement chargés de prévenir les infractions aux arrêtés pris par les autorités compétentes sur les objets énumérés dans les lois des 16-24 Août 1790, 19-22 juillet 1791 et 5 avril 1884.

« Les fonctions judiciaires des commissaires de police sont déterminées par le code d'instruction criminelle, soit comme officiers de police judiciaire, soit comme chargés du ministère public près des tribunaux de simple police. » (Brayer. Dictionnaire général, tome I, page 553.)

Les commissaires de police sont des fonctionnaires de l'État, placés à ce titre et quant à leurs attributions générales, sous l'autorité directe des préfets. Ils sont subordonnés aux maires et aux chefs des parquets, en ce qui concerne la police municipale et la police judiciaire. Ils doivent à ces autorités un concours franc et complet, dans les limites que la loi a déterminées.

Les devoirs des commissaires de police envers ces diverses autorités dont ils relèvent, sont de deux natures : ils sont généraux, c'est-à-dire ayant un caractère commun aux trois ordres de fonctionnaires, ou spéciaux, c'est-à-dire rentrant

directement ou exclusivement dans les attributions de l'un ou de l'autre de ces fonctionnaires.
(Circ. int. 31 Décembre 1852).

S'il se produit un fait gravé qui intéresse la
sûreté publique, un grand désastre, tel qu'un
incendie ou une inondation, ou tout autre fait
d'un intérêt général, le commissaire de police
doit en donner avis simultanément aux diverses
autorités dont il dépend.

A côté de ce devoir d'intérêt général, il en est
un autre qui se rattache plus particulièrement
à chacune des autorités, et qui, par sa nature
même, ne saurait s'accomplir en dehors du cercle
de leurs attributions respectives. S'il s'agit, par
exemple, de la recherche d'un prévenu ou d'un
condamné, ou de la constatation d'un crime ou
d'un délit, c'est au fonctionnaire de l'ordre judiciaire que le commissaire de police doit adresser
ses rapports, sans en référer aux autres autorités, et il ne peut venir à leur pensée d'en exiger
communication. Le résultat d'une semblable exi-
gence ne pourrait être que d'entraver l'action de
la justice. (Même circulaire).

S'il s'agit d'un crime ou d'un délit politique ou

d'un crime exceptionnel destiné à produire une profonde impression sur toute une population, le commissaire de police doit en donner connaissance aux autorités administrative et judiciaire.

Quand il s'agit d'un fait de nature confidentielle, c'est à l'autorité supérieure que ce fait intéresse de déterminer, quand elle s'adresse au commissaire de police, si le rapport qu'elle demande doit avoir ce caractère.

Lorsque le commissaire de police agit spontanément, c'est à lui de discerner dans les attributions de quel ordre de fonctionnaires rentre plus spécialement le fait dont il s'agit, et s'il doit ou non en donner avis aux autorités dont il dépend, ou à l'une d'elles seulement.

En tout état de choses, toutes les fois qu'un fonctionnaire aura, en demandant un renseignement au commissaire de police, indiqué que le rapport doit être confidentiel, les fonctionnaires d'un autre ordre ne peuvent en exiger communication.

En résumé, quand il s'agit d'un renseignement d'intérêt général, de sûreté publique, le commissaire de police doit en faire rapport au chef de l'autorité judiciaire.

Quand il s'agit, au contraire, d'un ordre émané d'une des autorités dont dépend le commissaire de police, pour instrumenter à l'égard d'un fait qui rentre spécialement dans ses attributions, et au sujet duquel les renseignements demandés seront signalés comme ayant un caractère confidentiel, le commissaire de police n'en doit communication qu'au fonctionnaire qui les a provoqués. (Même circulaire).

De ce que les commissaires de police sont rétribués sur les budgets municipaux, il ne s'ensuit pas qu'ils doivent être avant tout appliqués au service municipal, et que les maires puissent exercer envers eux un droit d'investigation et de contrôle sur tous leurs actes. Les fonctions des commissaires de police sont multiples, et aucune des autorités dont ils dépendent ne peut prétendre à recueillir, exclusivement pour elle seule, le bénéfice de leur concours. (Même circulaire.)

Soit comme agents de l'autorité administrative, soit comme officiers de police judiciaire, les commissaires de police sont indépendants des juges de paix et n'ont, en droit strict, aucun ordre à en recevoir pour l'exercice de leurs fonctions. Ainsi les commissaires de police ne peuvent être valablement délégués par les juges de paix pour un acte quelconque d'information, et, en cas de flagrant délit, ils sont libres de procéder à une arrestation ou à toute autre opération de leur compétence sans prendre l'avis de ces magistrats. Dans aucun cas, ils ne sauraient être considérés comme les auxiliaires des juges de paix. (Circ. int., 20 juillet 1854).

Les commissaires de police ne peuvent non plus être tenus de communiquer leurs procès-verbaux aux juges de paix avant de les transmettre au parquet. L'article 53 du code d'instruction criminelle porte que ces documents doivent être transmis directement et sans délai. La communication préalable aux juges de paix aurait, entre autres inconvénients graves, celui de retarder l'expédition des affaires criminelles qui ne peuvent être instruites et jugées avec trop de célérité. (Même instruction.)

En matière de simple police, il est convenable, conformément à ce qui a lieu dans les autres juridictions, qu'il soit donné, avant l'audience, communication au juge de paix, des dossiers des affaires qu'il sera appelé à juger. (Même instruction.)

Lorsqu'un juge de paix est délégué par le parquet ou par le juge d'instruction pour une affaire, le juge de paix ne peut faire passer cette délégation, par une sous-délégation, au commissaire de police, et le charger ainsi d'actes pour lesquels il a lui-même été requis. (Même instruction.)

Les commissaires de police et les juges de paix doivent d'ailleurs apporter, chacun dans l'exercice de ses fonctions, l'esprit de conciliation et de bienveillance qui doit animer des agents appelés à concourir au même but. C'est ainsi que les juges de paix chargés d'une information, peuvent s'adresser officieusement aux commissaires de police pour en obtenir une coopération souvent indispensable. (Même instruction.)

Les commissaires de police, dans l'exercice de leurs fonctions, peuvent requérir la gendarmerie, en se conformant aux dispositions des articles 91 et suivants du décret du 1er Mars 1854, sur le service de cette arme.

Les réquisitions ne doivent contenir aucun terme impératif, tels que : ordonnons, voulons, enjoignons, mandons, etc. ni aucune expression ou formule pouvant porter atteinte à la considération de l'arme. (Déc. 1er Mars 1854, art. 97).

Le decret du 28 Mars 1852 confère aux commissaires de police le droit de requérir, au besoin, les gardes forestiers de leur canton, et prescrit à ces derniers d'informer les commissaires de police, de tout ce qui intéresse la tranquillité publique.

Ce droit de réquisition directe ne peut s'appliquer et se justifier que lorsque le maintien de l'ordre, de la tranquillité publique, de la sécurité des personnes, en un mot, des circonstances *exceptionnelles* réclament le concours immédiat des préposés forestiers, et nullement lorsqu'il s'agit de la répression des délits et contraventions de police ordinaire. (Circ. int. 4 Octobre 1853).

Aux termes de l'article 3 du décret du 28 Mars 1852, les commissaires de police peuvent requérir les gardes champêtres de leur canton. Ces derniers doivent les informer de tout ce qui intéresse la tranquillité publique.

L'institution des gardes champêtres, il faut le reconnaître, ne répond qu'imparfaitement aux besoins de notre époque. Aussi le gouvernement s'est-il préoccupé à diverses reprises de la position de ces agents municipaux.

Les commissaires de police ne peuvent guère compter aujourd'hui sur le concours des gardes champêtres. Nés généralement dans la commune où ils exercent leurs fonctions, protégés quelquefois par deux ou trois personnes influentes de la localité, les gardes se considèrent comme indépendants et font tout pour se soustraire à la subordination qu'ils doivent aux commissaires de police.

C'est pourquoi nous engageons ces derniers à tenir la main à ce que les gardes champêtres les informent de tout ce qui intéresse la tranquillité publique, et, dans le cas où leurs ordres ne seraient pas fidèlement exécutés, à en donner avis au maire ou au sous-préfet. (Dayre. Manuel form ., p. 35.)

J'ai cru qu'il était utile de rechercher un peu partout et de grouper ici tous ces documents pour en former une sorte de synthèse renfermant toute notre méthode d'action.

Et maintenant, après cet exposé, je dirai : voilà la théorie, voyons ce qu'est et ce que doit être la pratique.

Hélas ! en toute matière, et surtout en ce qui nous occupe, la théorie et la pratique sont souvent deux choses essentiellement différentes. N'ai-je pas dit déjà ce qu'était la police sous l'empire ? Or, c'est précisément sous ce régime qui avait faussé si profondément le caractère de notre institution, qu'ont été données, en majeure partie, les instructions si sages que je viens de citer.

Aujourd'hui, sous un gouvernement impersonnel, l'application de ces règles est devenue plus facile sans être pour cela tout à fait exempte d'embûches. Beaucoup de mes collègues pourraient citer, s'ils le voulaient, une foule de faits de nature à prouver que notre mission ne s'accomplit pas sans difficultés et que la route que nous parcourons est pavée de surprises. La grande science est de savoir flairer et éviter les chausse-trapes.

Pour mes collègues des classes supérieures, la ligne à suivre est relativement facile s'ils veulent bien se souvenir du commencement de leur carrière et comparer leur situation présente à celle qui résultait, dans leurs postes de début, des petites rivalités de fonctionnaires dont les prérogatives et surtout les prétentions se heurtaient à leur grand détriment.

Qu'ils se rappellent qu'ils n'étaient pas précisément les juges du camp chargés de marquer les coups que se portaient les adversaires ; mais qu'au contraire, ils étaient les premières victimes d'une lutte qui se livrait souvent sur leur dos et de laquelle ils n'avaient pas toujours la chance de sortir saufs. Qu'ils se souviennent de cela, dis-je, et ils comprendront que l'indépendance relative dont ils ont joui en parvenant aux degrés supérieurs de la hiérarchie a singulièrement aplani le chemin sur lequel ils marchent aujourd'hui, et ils n'hésiteront pas à reconnaître, qu'au point de vue dont je viens de parler, la tâche est plus ardue pour leurs collègues des classes inférieures.

Je dirai donc à tous mais surtout à ces derniers qui ont besoin d'être aidés et encouragés :

— Le champ de notre action est vaste et nos

fonctions sont multiples. Tous, tant que nous sommes, nous relevons d'une triple autorité : municipale, judiciaire et administrative qui s'appelle mairie, parquet et préfecture.

Peu importe la filière qui nous relie à ces trois sources selon le rang que nous occupons dans la hiérarchie. La vérité est que tout ce qui descend vers nous arrive de ces trois points, et que tout ce qui vient de nous remonte aux mêmes points.

De cette triple dépendance peuvent surgir bien des écueils qu'il n'est possible d'éviter qu'en usant de beaucoup de prudence, de tact et surtout de loyauté et de franchise ; car, en définitive, la loyauté et la franchise constituent peut-être la suprême habileté du fonctionnaire qui entend rester digne de lui-même et de sa fonction.

Nos rapports avec les magistrats du parquet sont d'autant plus faciles qu'ils sont mieux définis par le code d'instruction criminelle. De ce côté donc, à moins de circonstances tout à fait exceptionnelles, nous ne pouvons guère avoir de difficultés que si nous les provoquons en nous arrogeant un pouvoir plus grand que ne le veut la loi, ou en péchant par l'excès contraire et par suite de notre apathie. A part ces deux abus qu'ils ne peuvent se dispenser de blâmer et de combattre sans manquer à leur devoir, rien ou presque rien ne peut altérer la bienveillance dont les magistrats que je viens de citer usent volontiers envers nous. Etant constamment aux prises avec des difficultés sans nombre, ils savent que notre mission est difficile et ils n'hésitent jamais à rendre justice à nos efforts, même quand ces efforts n'ont pas été heureux et n'ont pu être couronnés de succès.

En raison des deux pouvoirs d'essence différente auxquels nous sommes assujettis, notre marche peut, à certains moments, être moins sûre sur le terrain administratif; et si notre dévouement ne doit pas faiblir, notre prudence et notre circonspection ne doivent jamais sommeiller.

L'accord parfait est une chose à peu près impossible à obtenir dans l'ordre moral comme dans l'ordre matériel, et, généralement, quand on déclare tout haut l'avoir obtenu, on est obligé de reconnaître tout bas qu'il n'existe qu'à l'état approximatif. Ainsi, quand des musi-

ciens sont réunis pour l'exécution d'une partition
quelconque, leur premier soin est de mettre tous
leurs instruments au diapason normal. Lorsque
cette opération préliminaire est terminée et que
le chef a donné le signal de l'attaque, peu d'instants après vous voyez certains auditeurs faire la
grimace et déclarer l'exécution défectueuse. Il
arrive souvent que la critique est fondée parce
que l'auditeur apprécie mieux l'ensemble, et que,
par le fait même de sa situation de spectateur,
il possède des éléments d'appréciation supérieurs
à ceux de l'exécutant.

Notez bien qu'il ne s'agit ici que d'une chose
purement matérielle ; que ce sont des outils naturellement inertes qui agissent par la volonté
de ceux qui s'en servent ; qu'il suffirait à ceux-
ci de tirer une coulisse ou de tourner une clef
pour changer la tonalité de leurs instruments et
faire disparaître les défectuosités de l'exécution.
A plus forte raison l'accord est-il difficile quand
il s'agit d'êtres animés ; d'hommes ayant sur les
mêmes sujets des conceptions différentes, imbus
d'idées contraires, doués de caractères et de tem-
péraments opposés.

C'est parce que, sur le terrain administratif, nous nous trouvons sous la direction d'hommes dont les pouvoirs émanent de sources différentes et dont les attributions ne sont pas toujours suffisamment définies, que je disais plus haut qu'en pareille matière notre prudence et notre circonspection doivent marcher de pair avec notre dévouement.

Il peut arriver (le fait devient et deviendra, espérons-le, de plus en plus rare) que la préfecture et la mairie diffèrent de vues, non-seulement en matière politique, mais en matière de mesures administratives. Si le désaccord existe en matière politique, notre rôle devient d'autant plus facile que ce désaccord est plus profond et plus accentué. Dans ce cas, notre devoir est tracé d'avance. Si nous sommes chargés de la police municipale et si, à ce titre, nous nous trouvons placés sous l'autorité du maire, nous ne devons pas oublier que nous sommes, avant tout, les délégués du pouvoir central dont nous avons reçu l'investiture, et que, par conséquent, notre chef naturel est le représentant direct du gouvernement, c'est-à-dire, le préfet au chef-lieu du département et le sous-préfet dans l'arrondissement.

Si donc, la mairie professait des opinions hostiles au gouvernement et engageait la lutte contre les représentants du pouvoir, vous savez très-bien où serait votre place et point n'est besoin de dire quelle devrait être votre attitude. Insister sur ce point serait vous faire injure car je suppose qu'aucun de nous n'ignore qu'envers le gouvernement la première expression de notre devoir est la fidélité.

Mais le désaccord peut exister de bien d'autres manières encore. Bien des conflits, les uns durables, les autres passagers, peuvent s'élever, entre la préfecture et la mairie, dans une foule de cas qu'il est impossible de prévoir. Bien que professant les mêmes idées ; quoique étant également attachés au gouvernement, ces deux pouvoirs peuvent différer d'avis sur certaines mesures à l'exécution desquelles ils sont appelés à concourir. Une question d'apparence infime peut suffire à déterminer des froissements qui, selon les cas et les milieux, vont en s'affaiblissant ou en s'accentuant quelquefois jusqu'à créer de sérieuses inquiétudes. Trop de précipitation et de rigueur d'un côté, trop de mollesse et de longa-

nimité de l'autre, et, de divergences en divergences, il pourra s'ensuivre que le premier blâ-
mera ce que le second aura approuvé, tandis que
celui-ci défendra ce que l'autre aura commandé.

Il n'y a pas de pire situation pour les fonctionnaires de notre ordre que celle qui résulte
d'un tel antagonisme.

Je sais bien que le remède à cette situation a
été cherché et indiqué par bien des réformateurs
qui, en cette matière comme en toutes les autres,
ne se sont pas fait faute de prôner des systèmes
absolument opposés.

Je pourrais, moi aussi, exposer, comme tant
d'autres, mon petit projet et clore ainsi commo--
dément le sujet que j'ai abordé. Je n'en ferai rien,
pour deux raisons : La première est que je ne
crois pas avoir qualité pour cela, et la deuxième
est que le système que je préconiserais, fut-il
excellent, aurait toujours le grave inconvénient
de ne rien changer aux choses dont je parle et
de laisser la question en l'état. Or, ce n'est pas
ce que je me suis proposé de faire en prenant
l'engagement, que j'entends tenir, de dire toute
ma pensée, bonne ou mauvaise.

Je suppose donc une situation telle que je viens de l'indiquer. Je la prends avec ses obscurités, son imprévu, ses inconvénients, ses dangers, et je me demande qu'elle est, pour nous, la meilleure ligne à suivre et le meilleur moyen de vaincre les difficultés qui peuvent nous assaillir.

Je n'entreprendrai pas de dénombrer toutes ces difficultés. Encore moins essairai-je d'indiquer un remède particulier pour chacune d'elles parceque je crois qu'elles peuvent toutes se résoudre à l'aide d'une panacée unique (je n'ajouterai pas *infaillible*, pour ne pas trop ressembler aux charlatans qui viennent, les jours de foire, nous demander l'autorisation de débiter à la badauderie urbaine et rurale leurs boniments prétentieux et leurs drogues souveraines).

Je prends un seul exemple et je m'explique.

J'ai déjà dit et je répète que la préfecture et la mairie, professant la même idée politique, peuvent différer de vues sur certaines questions de détail qui, malgré leur apparence insignifiante, n'en sont pas moins susceptibles de créer des conflits capables de faire cruellement souffrir certains fonctionnaires qui se trouvent ainsi jetés dans des alternatives peu réjouissantes.

Que la main de la préfecture soit ou paraisse être un peu trop rude pendant que celle de la mairie sera trop faible, et *vice versa*, et nous voilà placés dans une situation d'aspect inextricable.

Que faire en pareil cas? Comment agir? — Montrer assez de souplesse sans servilité, assez de fermeté sans inconvenance, employer beaucoup de tact, voilà je crois, le seul moyen de pouvoir sortir honorablement et heureusement d'une telle impasse. Je dis plus : en usant de toute notre intelligence, de tout notre bon vouloir, de tout notre dévouement à la chose publique, nous pouvons être des agents d'union et de concorde entre deux pouvoirs dont la lutte pourrait être plus acharnée si nous nous placions systématiquement dans le camp où nous appellerait notre intérêt plus ou moins bien compris. En prenant cette dernière résolution nous encourrions le double reproche de faire céder le devoir à l'égoïsme et de nous rendre solidaires d'une action qui pourrait avoir pour résultat l'affaiblissement de l'autorité sous toutes ses formes.

Quelques-uns, préjugeant des résultats de la

situation, pourraient être tentés d'exploiter cette situation à leur profit en attisant sournoisement le feu. Que ceux-là ne se hâtent pas trop et qu'ils réfléchissent. — Ce parti, quelque séduisant qu'il puisse paraître, aurait peut-être aussi ses dangers, et le petit calcul intéressé que l'on ferait ainsi pourrait bien réserver quelques mécomptes. Au surplus, et sans parler du côté aléatoire de la tentative, il est bon d'ajouter que ce serait manquer gravement à sa mission que de prendre une attitude qui ne serait pas plus digne ni plus méritoire qu'elle ne serait courageuse.

Je soutiens donc que quand une mesure nous paraît être intempestive, inutile, de nature à produire un mauvais effet sur le public, notre devoir nous commande de dire respectueusement à celui qui ordonne ce que notre expérience de la population nous permet de penser. Si on passe outre sans nous entendre, il ne nous reste plus qu'à nous incliner et à obéir ; mais nous pouvons encore conjurer les fâcheuses conséquences de l'ordre reçu en employant à son exécution autant de prudence que de ponctualité. Le cas échéant, c'est le seul moyen que nous ayons

de concilier le respect des décisions de nos chefs
avec les scrupules de notre conscience. Encore,
est-ce là une attitude que nous ne devons prendre que dans des circonstances tout à fait exceptionnelles, et qui, dans tous les cas, ne saurait
être permise qu'aux hommes expérimentés dont
le jugement est aussi droit que l'intelligence est
élevée. Au reste, la meilleure et je pourrais dire
la seule manière de bien remplir son devoir,
c'est d'agir toujours avec discernement, prudence,
modération, et de savoir rester inaccessible à la
passion qui est la pire conseillère du fonctionnaire qui veut faire son devoir. tout son devoir,
en se maintenant également digne de la confiance
de ses chefs et de l'estime publique.

Je ne me dissimule pas combien, dans les
conflits qui s'élèvent autour de nous, notre situation est critique et combien il est difficile de se
maintenir à l'abri de tout reproche. Or, c'est
précisément parceque la besogne est rude, embar-
rassante et périlleuse qu'elle doit tenter notre
courage. En effet : nous serions vraiment indignes d'exercer une fonction publique si nous nous
laissions effrayer par les difficultés de notre tâche

et si le gouvernement n'avait pas le droit de compter, en toute occasion, sur notre dévouement le plus absolu.

Ce que je viens de dire de l'une des mille circonstances délicates qui peuvent se présenter s'applique à toutes les autres.

Je causais dernièrement de nos fonctions avec un magistrat distingué dont la carrière rapide prouve qu'il sait mettre en pratique les saines idées qu'il exprime. Il résumait ainsi notre conversation : — « Le meilleur moyen de remplir nos fonctions, quelles qu'elles soient, à la satisfaction générale, c'est de nous en tenir aussi strictement que possible à la loi et de faire en sorte que nos actes se défendent d'eux-mêmes et constituent notre propre défense. »

On ne saurait mieux dire, n'est-ce pas ? et cette parole sera la conclusion de l'exposé que je viens de faire.

Maintenant que nous avons parlé des difficultés d'en haut, il nous reste à examiner les difficultés d'en bas qui, pour être moins périlleuses, n'en méritent pas moins d'être sérieusement envisagées. Rien de ce qui nous touche ne doit être négligé ni dédaigné. Les petits faits regrettables, passés d'abord inaperçus, peuvent, en se multipliant, constituer de sérieux embarras. On l'a dit avec raison : « Décomposez le plus énorme total et vous trouvez des unités infinitésimales. »

Passons donc aux petits détails. Etudions-les sans trop insister, mais sans nous laisser détourner par leur apparence insignifiante.

Dans les chefs-lieux d'arrondissement, les attributions des commissaires de police et celles des juges de paix sont bien tranchées. C'est le commissaire seul qui est l'auxiliaire du parquet tandis que le juge de paix est sagement laissé à son labeur de justice. Par suite, ces fonctionnaires n'ont guère l'occasion de se rencontrer officiellement qu'à l'audience du tribunal de simple police, et, pour peu qu'ils veuillent user de bons procédés, il ne peut exister entre eux que de bien rares motifs de conflit.

De ce que le juge de paix a prononcé une peine moindre que celle qu'espérait le ministère public, ce dernier doit-il se montrer froissé et irrité contre le premier ? — Non : le juge ne s'est prononcé qu'après avoir consulté sa conscience, et, jusqu'à preuve du contraire, vous devez croire à son intégrité et vous incliner sans rancune devant le jugement qu'il a rendu. Songez bien d'ailleurs qu'en agissant autrement vous vous montreriez passionné, et que vous n'occupez le siège du ministère public que pour collaborer à une œuvre de justice et non pour donner libre carrière à vos ressentiments.

Il en serait autrement si vous vous trouviez battu par un entêtement inexcusable et si, malgré vos justes observations, le juge persistait à commettre une violation ou une fausse application de la loi. Vous pourriez alors user du pourvoi en cassation. Je m'empresse d'ajouter qu'il ne faudrait pas abuser d'une telle ressource et qu'il est bon de n'y recourir que dans des circonstances exceptionnelles, réellement sérieuses, dans un intérêt d'ordre public, et non dans le but d'en tirer une vaine satisfaction d'amour-propre. La cour de cassation n'a pas été instituée pour satisfaire les petites rancunes, les petites prétentions, ni les petites malices des petits caractères.

Point ne serait nécessaire d'ajouter, avec le rédacteur de la circulaire de 1854, qu'il est convenable de faire parvenir au juge de paix, la veille ou le matin de l'audience, les dossiers des affaires qu'il est appelé à juger.

Certains commissaires de police ont cru jouer de bons tours aux juges de paix avec lesquels ils ne vivaient pas en bonne harmonie, en ne leur remettant les procès-verbaux qu'à l'audience. D'abord, en agissant ainsi, en rompant avec les usages de toutes les juridictions, ils prouvaient que s'il y avait mésintelligence entre eux et les juges de paix, ce n'était sans doute pas uniquement de la faute de ces derniers. De plus, ils étaient les premières victimes de leur méchanceté. Les juges de paix ayant toujours la ressource de renvoyer le prononcé de leurs jugements à une autre audience, les commissaires de police n'avaient donc rien à gagner en retardant la communication des dossiers. Il faut avoir bien du temps à perdre pour se condamner ainsi volontairement à siéger deux fois pour une même affaire en usant d'un procédé aussi peu charitable que peu intelligent. Il est donc bon de se souvenir des sages instructions citées au commencement de cette causerie et de ne jamais ou-

blier « que les commissaires de police doivent
» apporter dans leurs rapports avec les juges de
» paix l'esprit de conciliation et de bienveillance ;
» que tous leurs efforts doivent avoir pour but
» de conserver la bonne harmonie qui doit exis-
» ter entre des agents appelés à concourir au
» même but. »

J'aurai tout dit à ce sujet quand j'aurai ajouté
que dans les cantons les juges de paix sont plus
spécialement chargés de l'exécution des commis-
sions rogatoires et des missions données par le
parquet. Ces magistrats offrent, en effet, des
garanties d'aptitude et de savoir que les commissaires de police, quelque bien intentionnés qu'ils
soient, ne peuvent pas toujours donner. Cette
primauté se légitimera encore davantage si le
projet de loi sur l'extension de la compétence des
juges de paix est adopté, et si les titres qu'il est
question d'exiger sont réclamés aux nouveaux
titulaires de ces fonctions.

Il résulte des considérations qui précèdent que
les commissaires de police des classes inférieures
doivent éviter les conflits d'attributions avec les
juges de paix. J'ajoute qu'ils feraient preuve

d'intelligence et de bon sens en usant envers ces magistrats d'une déférence que la loi n'ordonne pas mais que la situation commande dans bien des cas.

Je ne veux pas dire, loin de là, que la déférence dont je viens de parler puisse jamais descendre jusqu'à l'abdication de toute initiative et de toute dignité. Si le commissaire de police est chargé directement par le parquet de quelque mission particulière, il ne doit souffrir l'ingérence de qui que ce soit. Si quelqu'un méconnaissait ainsi ses droits légitimes, contestait son pouvoir ou entravait son action, il ne devrait pas craindre de dénoncer le fait à ses supérieurs qui n'hésiteraient pas à faire cesser un tel état de choses. Le commissaire de police doit respecter le pouvoir des autres fonctionnaires, mais il a droit lui aussi au respect d'autrui, et personne ne saurait le blâmer de vouloir conserver intacte sa part d'autorité et de considération. Par conséquent, il faut entendre qu'entre fonctionnaires indépendants les uns des autres mais destinés à concourir à un but commun, il doit y avoir réciprocité de bons procédés.

Arrivons maintenant aux rapports des commissaires de police avec la gendarmerie.

En suivant l'échelle ascendante à partir des chefs-lieux d'arrondissement, les attributions de la gendarmerie ressemblent assez peu à celles des commissaires de police et les sujets de conflit sont peu nombreux. Police et Gendarmerie peuvent donc faire bon ménage pour peu que l'une et l'autre veuillent faire preuve de bonne volonté. Dans les petites villes, la situation est plus embrouillée. Généralement, le commissaire de police, à tort ou à raison, se plaint des empiètements de la Gendarmerie.

Cela vient d'une suspicion et d'un dédain réciproques.

La Gendarmerie dit volontiers : — De quelle utilité est donc ce commissaire de police, cette mouche du coche ? Moi seule et ce serait assez.

De son côté, le commissaire de police réplique : — Je suis officier de police judiciaire. J'ai le droit de réquisition sur la Gendarmerie. Je suis au-dessus d'elle. Pourquoi donc se permet-elle de toucher à une foule de choses dont je devrais seul m'occuper ?

La Gendarmerie admet difficilement que le commissaire de police ait une part d'autorité plus grande que la sienne et elle fait tout le possible pour amoindrir cette autorité concurrente qui lui est insupportable. — Le commissaire de police, fier de sa suprématie, la fait sonner bien haut, et, dans son désir de la montrer, il se laisse entraîner, parfois jusqu'à en faire abus. Ah ! dit-il, les gendarmes ont l'air de méconnaître mon autorité ! Je la leur ferai sentir.

J'ai connu un commissaire de police qui, étant dans la situation que je viens de décrire, trouva le moyen de se rendre célèbre — *intra-muros*, bien entendu, — par l'aventure que voici.

Orgueilleux de son droit de réquisition qu'il n'avait pas très-bien compris et qu'il croyait illimité, il allait, à propos de rien et à propos de tout, requérir la Gendarmerie. Pour solenniser ses démarches, il avait trouvé un moyen plus bruyant qu'ingénieux. Il se suspendait au cordon de la cloche de service et il sonnait à tout rompre. Aussitôt, toute la caserne était en émoi. Chaque gendarme bouclait son ceinturon à la hâte et courait comme une flèche afin de répondre au plus vite à cet appel inquiétant.

Quand tout le monde était sur pied, le commissaire de police faisait tranquillement savoir qu'il lui fallait deux hommes pour faire avec lui une ronde de nuit dans un quartier où il n'osait pas trop s'aventurer seul.

La première fois, le commandant de la brigade trouva la plaisanterie mauvaise et pria le commissaire de police de ne pas recommencer. La deuxième fois (car cela continua) il se fâcha tout rouge ; et enfin, la troisième fois l'importun fut peu poliment mais bien vigoureusement jeté hors de la caserne.

L'histoire fit son chemin et voici ce qu'y gagna notre homme : — il avait voulu sottement se rehausser et il se ridiculisa. Tant il est vrai qu'il faut toujours agir avec discernement et qu'en voulant abuser de l'autorité on en arrive à la perdre.

Maintenant, pour rétablir l'équilibre, voici, à la charge de la Gendarmerie, un fait tout récent que je copie dans un journal.

« Une partie sérieuse est engagée entre la

» Gendarmerie de T..... et le garde-champêtre.
» Le garde a gagné la première manche, les
» gendarmes la seconde, qui gagnera la belle?
» L'avenir nous l'apprendra. »

  » Voici de quoi il s'agit :

  » Le cinq février dernier, le garde-champêtre
» a pincé messieurs les gendarmes à boire le
» champagne dans un café, trente-cinq minutes
» après l'heure de fermeture et a dressé procès-
» verbal ; ce qui n'a pas paru du goût de ces
» messieurs. Aussi, ont-ils juré d'avoir leur re-
» vanche, ce à quoi ils sont arrivés le 17 courant
» dans les circonstances suivantes :

  « Le garde-champêtre qui, comme dans toutes
» les communes rurales, cumule les fonctions de
» garde avec celles de tambour de ville, annon-
» çait, à 7 heures 1/2 du soir, une représentation
» théâtrale pour huit heures, au café du B... »

  « Mais, crac ! voilà les gendarmes qui lui
» tombent dessus et lui déclarent procès-verbal
» pour bruit et tapage nocturnes. Donc, le tam-
» bour de ville ne devra plus battre (même en cas
» d'incendie) après soleil couché ou sinon procès-
» verbal pour tapage nocturne. »

« Nous espérons bien que messieurs les gen-
» darmes en seront pour la rédaction de leur
» procès : car nous ne croyons pas qu'il se trouve
» un juge pour donner suite à une affaire de ce
» genre. »

Tous les commissaires de police ne ressemblent pas au carillonneur dont j'ai parlé. Reconnaissons aussi que tous les gendarmes ne sont pas coulés dans le moule du *Pandore* de la chanson.

La Gendarmerie compte dans ses rangs des hommes intelligents dont, dans tous les cas, il faut reconnaître le dévouement. Ce dévouement va quelquefois jusqu'à l'excès de zèle et gêne votre action ? — Que faire ? Il faut vouloir ce qu'on ne peut éviter.

La Gendarmerie est chatouilleuse ! — C'est possible ; mais souvenez-vous qu'elle est, selon l'expression vulgaire, « à cheval sur le règle-ment ». Faites comme elle et ne lui demandez que ce qu'elle ne peut pas vous refuser. En un mot, comme vous n'êtes pas chargés de la morigéner, faites votre devoir comme vous l'entendez et laissez-lui faire le sien selon ses goûts. Si elle cherche, comme vous le dites, à vous couper l'herbe sous les pieds, laissez-la faire et ne vous épouvantez pas de sa besogne qui est dangereuse et dans l'accomplissement de laquelle elle se blessera tôt ou tard.

Poursuivez votre route d'un pas ferme, sans indolence comme sans précipitation et ne soyez pas inquiets du zèle immodéré que d'autres déploient à vos côtés. Soyez moins préoccupés de précipiter votre action que de la rendre sûre. N'ayez qu'une passion : celle de bien faire et agissez en conséquence. Si vous avez du mérite il sera reconnu et récompensé sans que vous ayez besoin de vous démener outre mesure.

Ne savez-vous pas d'ailleurs que ce n'est pas le chasseur qui enjambe le plus de sillons et qui use le plus de cartouches qui fait les meilleures prises ? Au contraire, c'est généralement celui qui observe bien et qui ne brûle sa poudre qu'à bon escient qui garnit le mieux sa carnassière.

Regardez ce voyageur qui descend du chemin de fer et qui entre dans une grande ville qu'il connaît à peine. Il sait ou il croit savoir que le lieu de son rendez-vous se trouve au nord de la cité ; et immédiatement le voilà parti, l'air affairé, le nez au vent, au pas accéléré. Il va de rue en rue, précipitant toujours sa marche, sans s'inquiéter de chercher des points de repère car cela lui ferait perdre du temps et il est trop pressé d'arriver pour consentir à s'arrêter une seconde. Le chemin étant long, il finit par prendre la course, et enfin, harassé, brisé, inondé de sueur, il arrive... à un point situé à l'opposé de celui qu'il espérait atteindre. Maugréant et confus, il revient sur ses pas et met un temps infini pour gagner l'endroit où il est attendu et où il arrivera probablement trop tard.

En réalité, qu'a fait cet homme en déployant tant de vigueur ? — S'il a prouvé la force de ses jarrets, il a non moins clairement démontré les défectuosités de sa boussole.

S'agiter beaucoup ce n'est pas prouver que l'on travaille bien. Il est bon de marcher d'un pas ferme, mais il est indispensable de savoir où l'on va. Ne vous y trompez pas, et soyez convaincus que vos chefs vous jugeront d'après vos œuvres et non d'après vos apparences.

C'est mal comprendre son rôle que de passer son temps en petites querelles et en petites rivalités dans lesquelles le vainqueur a toujours perdu quelque chose. Bien des conflits regrettables, les uns à la charge des commissaires de police, les autres à la charge de la Gendarmerie, ne se produiraient pas si, de part et d'autre, on voulait se donner la peine de se rendre mutuellement justice et de comprendre qu'au lieu de s'épuiser en luttes ridicules il vaudrait mieux s'entr'aider et s'unir pour le bien du service et dans l'intérêt commun.

Je conclus donc que pour bien remplir notre mission qui exige un dévouement absolu à la chose publique, **nous devons consulter sans cesse notre conscience et ne jamais perdre ce que l'on a appelé fort justement** « *le fil à plomb* ».

C'est à dessein que j'emploie ce dernier mot parce qu'il me fournit l'occasion de placer ici une anecdote qui n'est pas sans portée.

Gustave P. avait occupé à Paris d'assez grandes situations et il avait vécu longtemps dans le monde artistique, littéraire et politique. Fatigué de bruit, de luttes, de déceptions aussi, il était venu occuper, dans le pays que j'habitais alors, un joli château qu'il avait fait construire au temps de sa splendeur.

J'allais fréquemment rendre visite au châte-
lain qui était un fin causeur et dont les intéressants souvenirs complaisamment narrés me faisaient souvent oublier l'heure du départ.

Un jour, pendant la période du *Seize-Mai*,
nous causions politique et la conversation tomba
sur le sénateur X. qui, après avoir été, même
sous l'empire, un des *leaders* du parti républicain, avait singulièrement baissé dans la confiance publique et avait joué un rôle étrange au
début de la crise que nous traversions. Je faisais
part de mon étonnement à mon ami Gustave P.
et je lui demandais s'il pourrait expliquer la raison de ce changement d'attitude chez l'homme
politique en question : — Il me répondit par le
récit suivant :

« Le sénateur X. avait chez lui un jeune
homme qui possédait un réel talent et qui était
doué d'un jugement très-droit. Il y a quelques
années ce jeune homme mourut, et, le jour même
de sa mort, je me trouvais chez l'éditeur H... en
compagnie de plusieurs journalistes et députés.
Nous causions de cette mort. Les uns déploraient
la fin prématurée de ce brave et loyal garçon

dont l'avenir était plein de promesses, et les autres
s'apitoyaient sur la douleur que cette perte devait
causer dans la maison du sénateur.

« L'éditeur H... qui n'avait encore rien dit prit
enfin la parole et s'exprima ainsi : Le sénateur
X. est plus à plaindre que vous ne pensez. Par
la mort de ce jeune homme il perd son *fil à plomb*.

« Les événements nous ont prouvé que le mot
de H... était profondément juste, et que, malgré
son remarquable talent, X. avait besoin d'être
guidé dans le dédale des questions politiques. »

Depuis cette époque, en effet, ce sénateur a
toujours suivi une ligne qui l'éloigne de plus en
plus du point où il était il y a quinze ans et où
on l'admirait. Il a conservé son incontestable talent de parole, mais il a complétement perdu la
confiance du parti auquel, en dépit de sa conduite
étrange, il prétend toujours appartenir. Après
avoir été l'un des chefs éloquents du parti républicain sous l'empire, il a été ministre de la république dont il a failli compromettre l'existence, et
il se débat aujourd'hui dans une zone neutre d'où
il ne pourrait remonter au pouvoir que par la
restauration d'un gouvernement monarchique.

Cela prouve surabondamment que l'intelligence et le talent ne suffisent pas pour abriter l'homme contre les erreurs. A ces qualités premières doivent s'ajouter la rectitude du jugement et la droiture de l'esprit. On ne peut évidemment demander à tous les hommes de juger une situation d'un seul coup d'œil et en une seconde. C'est un privilège d'organisation intellectuelle que tout le monde ne peut pas posséder ; mais tous, et surtout ceux qui ont l'honneur d'être fonctionnaires, peuvent et doivent étudier sérieusement les questions qu'ils sont appelés à résoudre.

Je ne saurais donc me lasser d'insister sur ce point et de répéter que nous n'avons pas le droit d'agir avec légèreté, et que la seule passion qui nous soit permise est celle du bien public et de la vérité constamment et consciencieusement cherchés. En résumé, pour nous, la meilleure manière de suivre la ligne droite, sans déviations compromettantes pour nous et pour ceux de qui nous dépendons, c'est de bien nous pénétrer de l'idée que nous devons être, selon l'expression de Victor Hugo : Les serviteurs du droit et les esclaves du devoir.

DE LA RÈGLE DE CONDUITE

DES COMMISSAIRES DE POLICE

Leurs rapports avec leurs agents et avec le public.

Les commissaires de police doivent s'attacher à protéger les citoyens sans les vexer ; éviter les négligences et les écarts d'un zèle immodéré ou mal entendu ; savoir tenir compte des susceptibilités des populations ; agir toujours avec prudence et modération. (Circ. int., 6 décembre 1853).

Les commissaires de police doivent mettre la plus grande célérité et une exactitude extrême dans les rapports qu'ils adressent aux autorités dont ils relèvent ; apporter un soin scrupuleux dans la vérification des renseignements qu'ils ont à prendre.

Si le temps leur manque pour contrôler l'authenticité de ces renseignements, ils doivent dire quelle confiance il faut attacher aux informations qui ont été prises, en annonçant qu'ils adresseront ultérieurement le résultat de leur propre vérification.

Ils doivent chercher la vérité partout et en toutes choses, la signaler sans cesse sans jamais la cacher. (Brayer. Dict. général, T. 1er, p. 554).

Le commissaire de police doit être reconnu pour le protecteur empressé, vigilant et dévoué de tous les intérêts ; chacun doit avoir un libre accès auprès de lui, et son concours personnel ne doit jamais faire défaut à aucun de ses administrés.

Dans un bureau bien tenu, le commissaire de police ne doit pas être introuvable ; on ne peut, sans doute, le rencontrer à point nommé : la nature des choses s'y oppose. Mais dans ce cas même, une explication bienveillante, l'indication d'un moment plus propice, quelques paroles convenables de la part des employés, suffiront pour éloigner tout mécontentement.

Quant à l'immixtion des simples employés dans des actes de procédure, ce serait plus qu'une faute ; elle pourrait, suivant les circonstances, constituer une forfaiture ; non-seulement le commissaire de police doit faire par lui-même les perquisitions, la reconnaissance des effractions et tout acte qui emporte constatation, mais encore, en cas de crime et de délit, il doit se transporter personnellement sur les lieux. Bien que ce transport ne présente pas toujours un intérêt immédiat, il sert au moins à manifester la sollicitude et le zèle de l'administration. Toutefois, en cas de flagrant délit et en l'absence du commissaire de police, les employés du commissariat, en même temps qu'ils réclament le concours d'un magistrat voisin, doivent au moins se rendre sur les lieux pour y prendre *provisoirement* toutes mesures utiles, mais sans que jamais ces mesures puissent dispenser de l'intervention personnelle du fonctionnaire compétent.

Les commissaires de police ne doivent pas s'écarter *de la convenance des formes* et de la *bienveillance des procédés* sans lesquelles il n'y a pas d'autorité respectable. (Circ. préf. police, 20 Septembre 1874.)

Les commissaires de police mettront tous leurs soins à connaître les agents placés sous leurs ordres ; ils signaleront ceux qui par leur intelligence, leur zèle, leur conduite, paraîtraient dignes d'avancement.

Ils s'attacheront à obtenir une obéissance absolue aux ordres qu'ils donneront et ne devront jamais souffrir la plus légère insubordination.

Ils devront éviter avec eux toute familiarité qui pourrait compromettre leur dignité de magistrat et exigeront pour leur personne la plus grande déférence et le plus profond respect.

De leur côté, ils devront se montrer bienveillants avec leurs subalternes et n'emploieront jamais dans le commandement des termes grossiers. (Dayre, form°, p. 32.)

Telles sont les règles de notre conduite.

Et maintenant, comme chacun interprète ces règles à sa façon et les observe suivant son caractère et son tempérament, je vais leur donner ici quelques développements qui démontreront comment, à mon avis, elles peuvent être appliquées.

Sous le gouvernement appelé *l'ordre moral*, un journal donna le portrait suivant du commissaire de police de campagne :

» Il y a, dans certaines communes, un homme

» que personne n'appelle par son nom et que
» tous désignent par son titre. C'est un des
» champignons vénéneux poussés sur notre fu-
» mier politique. L'administration l'a choisi par-
» mi les sous-officiers, buveurs d'absinthe, cou-
» reurs de filles, carottiers, ivrognes, que leurs
» habitudes empêchent, leur temps fini, de ren-
» trer honorablement dans la vie sociale pour
» vivre de leur travail. Rebut de l'armée, inca-
.» pable d'être homme, propre à rien, il est bon à
» tout faire. L'administration le prend, lui donne
» une écharpe, douze cents francs d'appointe-
» ments, pleins pouvoirs, et le lâche comme un
» dogue sur certains villages, soupçonnés de ré-
» publicanisme — moins que cela, d'avoir quel-
» ques velléités d'indépendance — en lui di-
» sant : Mords là ! »

» On le voit errer seul, le chapeau sur l'oreille,
» et cachant les yeux, de grosses moustaches
» hérissées, la mâchoire en avant, les mains
» dans les poches, les épaules en arrière, le
» talon sonnant sur le sol, impudent, matamore,
» aussi plein de bêtise que d'insolence. Le soir,
» dans les coins sombres, au milieu des ordures,

» il se dépose en embuscade de la vertu des jeunes
» filles et de la tranquillité des hommes. »

» Cet être crapuleux, fanfaron comme un lâche,
» baveux, venimeux, écumant, ignoble, plat et
» redondant, insupportable à tous et qui devrait
» l'être à lui-même, c'est le représentant de l'au-
» torité, de l'ordre moral, de la famille, de la
» propriété, c'est le commissaire de police. »

» On entend dire à cet homme : — Je peux
» faire de vous ce que je veux, entendez-vous ! —
» Je suis au-dessus de votre maire. — Je puis
» vous arrêter, vous dénoncer à mon gré. J'au-
» rai tort on me donnera raison. Vous voyez bien
» que vous ne pouvez pas m'échapper. »

Je me plais à croire que ce portrait qui, à une
certaine époque, n'a été que trop ressemblant,
ne pourrait s'appliquer aujourd'hui à aucun de
nous. Cependant, tous les commissaires de police
ont-ils une idée bien nette du caractère de leur
mission et remplissent-ils leurs fonctions d'une
manière réellement satisfaisante ? Non.

Cela vient, généralement, de ce que ceux qui
entrent dans la police n'ont pas préalablement
réfléchi à ce qu'ils vont entreprendre, ne se sont

pas suffisamment préparés à leur œuvre et n'ont pas pris la peine d'en étudier la portée. Ils ont trouvé plus commode de singer leurs devanciers et ils se sont dit : — Je me tirerai de là tout comme un autre. Le commissariat est surtout une affaire de routine. Au bout de quelques mois je serai au courant et cela ira tout seul.

Le côté matériel de nos fonctions peut être, à la rigueur, considéré comme une affaire de routine ; mais il en est autrement du côté moral dont on ne saurait faire une étude trop consciencieuse et trop approfondie.

Un jour, un de mes collègues qui m'aime beaucoup et dont la bonne volonté est moins contestable que l'aptitude, me disait : — Si nous exercions nos fonctions dans la même ville le service marcherait admirablement. — Je lui répondis immédiatement : Non, le service n'irait pas comme vous le pensez. En moins de quinze jours nous en arriverions à ne plus nous entendre et l'un de nous devrait forcément disparaître. — Ce qui me permettait de faire cette réponse, c'est que j'avais vu mon interlocuteur à l'œuvre et que je savais qu'entre nos deux méthodes d'action il y avait une nuance qui n'est rien pour certains esprits et qui, pour l'observateur, ressemble exactement à cette fente que l'on rencontre sur la mer de glace et dont Michelet dit : « Vous avez » vu que d'un bord à l'autre on peut parler, » converser ? — Oui. -- Mais vous n'avez pas » vu que cette fente est un abîme... Et telle, » si profonde, qu'à travers la glace et la terre » elle descend sans que jamais on en ait trouvé » le fond. Elle va jusqu'au centre du globe, s'en » va traversant le globe, et se perd dans l'infini. » — Il y avait entre nous l'abîme qui sépare la brutalité de l'énergie. Mon collègue était brutal et j'espère bien ne l'être jamais.

Mais, seront tentés de me répondre les esprits superficiels qui prennent les apparences pour des réalités et dont l'observation s'arrête à la surface des choses, vous n'êtes donc pas énergique, vous ?

Pardon : entendons-nous, s'il vous plait. La brutalité et la fermeté sont deux choses absolument différentes, dont les résultats peuvent être et sont presque toujours dissemblables. On peut être ferme sans être brutal, comme on peut être très brutal sans cesser d'être hésitant et timoré.

L'homme brutal est celui dont l'action est commandée par l'instinct. L'homme énergique et ferme est celui qui ne se laisse diriger que par la raison. Je crois que ce dernier seulement mérite d'être pris pour modèle.

Certains commissaires de police s'imaginent volontiers que dès qu'ils ont posé le pied sur le sol de la ville où la confiance du gouvernement les a placés, tout le monde doit s'incliner et trembler devant eux. Ceux-là — qu'ils me permettent de le leur dire — necomprennent nullement leur devoir. Cette attitude de croquemitaine est souverainement malséante. Elle est aussi ridicule pour le fonctionnaire que vexatoire pour la population. Elle n'est plus de saison et elle constitue ce que l'on me permettra d'appeler le vieux jeu.

Cela pouvait être à la mode autrefois, en un temps et sous un régime au sujet desquels je me suis expliqué en une précédente causerie ; mais aujourd'hui, cela jure terriblement ; cela est aussi discordant, dans notre société démocratique, que pourrait l'être l'intervention aussi malencontreuse qu'étourdissante d'une trompe de chasse braillant stupidement ses notes dans une symphonie d'Haydn ou de Mozart.

Je sais très-bien que les plus mauvaises herbes sont les plus vivaces et les plus difficiles à arracher. Je sais que ce sont les pires habitudes qui se transmettent et se perpétuent le plus facilement, et c'est peut-être cette pensée qui m'a le plus poussé à écrire ce livre. Je vous le demande, à quoi servirait que le gouvernement ait épuré le personnel de notre administration en prononçant des révocations certainement méritées, des mises en retraite depuis longtemps attendues, si les nouveaux venus devaient ressembler exactement à leurs devanciers ! Je connais pourtant des fonctionnaires sincèrement dévoués au gouvernement et qui, inconsciemment ou non, disent par leurs actes :

« . . . . Que tout est bien »
« Quand ce sont eux qui font ce que d'autres ont fait. »

Agir ainsi, est-ce répondre aux désirs du gouvernement ? Est-ce le représenter selon sa volonté ? — Evidemment non.

Le progrès ne consiste pas seulement à remplacer une personne par une autre. Cela n'est rien ou presque rien. Il ne suffit donc pas que vous ayez pris la place de votre prédécesseur et que, nouveau Pangloss, vous déclariez, après ce changement purement matériel, que tout est pour le mieux dans le meilleur des mondes possibles. Il faut autre chose que cela. Il faut que vous évitiez les défauts et les errements de celui que vous remplacez. S'il était l'ennemi du gouvernement, il faut que vous en soyez l'ami prudent et dévoué. S'il était tracassier, il faut que vous soyez juste. S'il était hargneux et brutal, il faut que vous soyez digne et convenable envers tous. C'est la seule manière de prouver que le changement qui s'est opéré était nécessaire, et de justifier votre présence dans l'administration.

Et d'abord, il est bon de bien se pénétrer de cette idée que, quoi que nous fassions, c'est le gouvernement que nous représentons qui agit par nos actes. Par conséquent, notre action doit toujours être empreinte de sagesse et rester prudente sans cesser d'être ferme. Nous ne devons pas nous laisser dominer par la passion, encore moins déshonorer notre caractère et notre fonction par des procédés arbitraires, vexatoires, voulus et calculés pour dépopulariser le gouvernement qui nous accorde sa confiance et, disons le mot, qui nous fait vivre.

Vous avez peut-être servi d'autres régimes politiques dont vous avez gardé des souvenirs d'affection ou de reconnaissance. Quoique ces sentiments s'accordent assez mal avec le dévouement que vous devez aux institutions actuelles, je veux bien concéder que vous êtes libre de conserver pieusement au fond de votre cœur le culte du passé car personne ne vous demande compte de vos pensées intimes ; mais si, profitant de la situation dans laquelle vous avez été généreusement maintenu, vous vous permettiez de donner libre carrière à vos ressentiments, à vos espérances en exerçant sournoisement une action dissolvante dans le but coupable, quoique chimérique, de préparer la chute du régime que vous haïssez et que vous n'avez pas pu vous résoudre à servir loyalement, je vous dirais : — Rien ne vous oblige à conserver vos fonctions. L'expérience journalière ne vous prouve-t-elle pas d'ailleurs que votre calcul hypocrite sera déjoué ! Vos petites manœuvres n'arrêteront pas la marche de votre pays et ne lui feront pas rebrousser chemin. Vous aurez beau être astucieux vous serez impuissant. Retirez-vous d'une administration que vous ne pouvez plus servir et allez vivre ailleurs. Reprenez votre liberté d'action qui vous permettra de combattre aussi ardemment que vous le voudrez les hommes et les choses que vous détestez. La retraite est digne et la trahison est infâme. Allez-vous en donc et n'attendez pas d'être honteusement chassé !

Si le commissaire de police doit son dévouement le plus absolu au gouvernement, il ne s'ensuit pas qu'il soit tenu de se transformer en agent de propagande et de donner à tout ce qui touche à ses fonctions un caractère politique. Ce que le gouvernement nous demande, avant tout et par dessus tout, c'est de remplir notre tâche avec discernement et intelligence. Or, ce n'est pas faire preuve de discernement et d'intelligence que de se lancer à corps perdu, à tout propos, sous prétexte de dévouement, dans des affaires d'ordre politique qui ne nécessitent nullement notre concours et que notre intervention ne ferait qu'embrouiller dans bien des cas. Rappelons-nous du sage conseil du fabuliste : « Mieux vaut

un sage ennemi qu'un ami maladroit » et gar-
dons-nous de nous mêler intempestivement à des
choses qu'il vaut mieux examiner à une certaine
distance pour les bien apprécier comme il est de
notre devoir de le faire.

Au surplus, le gouvernement ne nous a pas
ordonné d'emboucher en son honneur la trom-
pette de la renommée. C'est par ses œuvres qu'il
entend se défendre et s'attirer les sympathies
publiques ; c'est dans son mérite qu'il veut puiser
le secret de sa durée. Est-ce qu'il ne sait pas
qu'il est issu d'une nécessité de salut public ;
qu'il a donné maintes preuves de sa supériorité
et que les jeunes générations qui ont poussé à
l'abri de ses lois lui assurent l'avenir ! Les enfants dont le cœur s'est éveillé au bruit du canon
allemand, dont les yeux se sont ouverts au spectacle de la patrie en deuil ; qui ont entendu les
malédictions que leurs pères lançaient contre le
régime monarchique dont la folie faillit perdre
complétement le sol et le nom français, ces enfants sont aujourd'hui des hommes. Ils sont citoyens et ils tiennent dans leurs mains cet humble
chiffon de papier dont la puissance peut consolider

ou détruire les gouvernements. Comment admet_
tre que ces jeunes hommes ne se serviront pas
toujours de leurs bulletins pour le bien de la République sous laquelle ils ont grandi en appre-
nant à la connaître et à l'aimer ! Ils savent
qu'elle leur a donné une liberté dont leurs
pères n'ont pas eu la satisfaction de jouir,
une instruction que leurs aînés n'ont pas eu le
bonheur de posséder. Ils savent que cette république ayant été la réparatrice du passé est la garantie de l'avenir et qu'à ce double titre ils n'ont
pour ainsi dire pas le droit de se séparer d'elle :
ils lui seront inébranlablement fidèles.

Le gouvernement n'a donc nullement besoin
que nous chantions perpétuellement ses louanges.

Mais il est des commissaires de police qui
s'exagèrent leur importance jusqu'au point de
croire que rien ne peut se faire sans eux. Ils supposent qu'on ne leur reconnaîtra aucun mérite
s'ils ne se multiplient pas et si on ne retrouve
pas les traces de leur passage sur tous les chemins. Leur rêve est d'être partout en même temps,
et ils se démènent convulsivement sans réfléchir
qu'en voulant être partout à la fois on aboutit

à ne se trouver nulle part à l'heure voulue.

Soyez donc plus économes de votre activité et réservez-la pour les moments opportuns : cela vaudra mieux pour vous et pour la chose publique. Que prétendez-vous prouver d'ailleurs par votre va-et-vient de toupie hollandaise? Que vous êtes énergiques et actifs? — Don Quichotte aussi déployait beaucoup d'énergie et d'activité lorsqu'il combattait les moulins à vent, et cela ne l'empêchait pas d'être ridicule.

« L'homme est ici-bas pour agir, plus il agit plus il remplit son but. » Quand M. Thiers, écrivant l'éloge de Vauvenargues, formulait cette pensée, croyez-bien qu'il voulait parler de l'action réfléchie, sensée et utile, et nullement de cet état fébrile et inconscient par lequel l'homme gaspille son temps et ses forces sans aucune espèce de raison ni de profit pour personne.

« Trop de zèle » disait un jour Talleyrand. Il faut éviter de se faire adresser ce reproche et ne pas confondre le dévouement, qui est une qualité précieuse, avec le zèle immodéré, qui est un défaut capital dont les conséquences pourraient être redoutables pour bien des gens et pour nous tout les premiers. Renfermons-nous donc dans nos fonctions et remplissons-les à la satisfaction générale, sans dépasser les limites qui nous sont tracées et sans dédaigner aucun des intérêts confiés à notre sollicitude.

Pour cela, il est nécessaire de réfléchir avant d'agir. Est-ce à dire qu'il faille toujours étudier longuement? Non : certaines affaires retentissantes et de nature à émouvoir fortement l'opinion publique demandent une décision prompte, et quel que soit le respect que nous professions pour la liberté individuelle, il est des circonstances qui ne nous permettent pas l'hésitation et qui, sans exclure l'observation scrupuleuse des lois et des principes d'humanité, nécessitent une résolution immédiate et énergique. Mais il est des affaires délicates qui engagent l'honneur et l'avenir des citoyens et qui ne demandent nullement à être menées avec rapidité. Dans ce cas, il est bon de sonder scrupuleusement le terrain ; de ne pas s'engager sans examen et de ne pas conclure à la légère car, alors, nous pourrions tomber dans quelque fondrière et y entraîner des chefs trop confiants en notre dévouement et notre sagacité.

Un fait vous est soumis et vous allez en déférer l'auteur à la justice. Réfléchissez d'abord aux circonstances qui constituent la portée, le véritable caractère de ce fait. Etudiez froidement tout cela ; pesez bien impartialement chaque objection qui se présente à votre esprit et ne prenez de résolution qu'après avoir sérieusement consulté le code et votre conscience. S'il vous reste des doutes, n'hésitez pas à recourir aux lumières et à l'expérience de vos chefs. C'est à ces conditions seulement que vous pourrez agir sainement et que vous serez, selon l'esprit de la loi, les véritables auxiliaires de la justice.

Je ne parle, bien entendu, que des affaires importantes et graves qui offrent des difficultés plus grandes que celles qui se présentent journellement et que nous avons coutume d'élucider.

Il ne faudrait donc pas, sous un prétexte d'impartialité qui ne saurait cacher un sentiment pusillanime, en arriver à reculer devant toute initiative et toute résolution car quelqu'un a dit fort justement.: « Les cas sont exceptionnels » et rares où il est sage, soit pour servir plus » habilement sa cause, soit pour satisfaire à des

» scrupules personnels, de se déterminer à ne
» rien résoudre. Il n'arrive guère que cette pru-
» dence soit autre chose qu'un timide et impré-
» voyant calcul dicté par la crainte de s'aventu-
» rer et se compromettre. Cette peur de vouloir a
» toutefois une excuse assez misérable, mais hon-
» nêtement admissible, c'est d'être une confession
» d'ignorance et d'impuissance à reconnaitre ce
» qui est vérité ou erreur. »

Certains commissaires de police que les scrupules ne gênent pas ont l'audacieuse naïveté de
chercher à *corser* les affaires. C'est là un calcul
bien imprudent et qui n'est pas de nature à rehausser leur mérite. De prime abord, ils se font
une opinion définitive sur l'affaire pendante, et
leur préoccupation principale est de tout faire abou-
tir à leur conception première. Une fois engagés
dans cette voie, ils vont, s'en s'en apercevoir,
jusqu'à dénaturer les témoignages et l'affaire
elle-même. Lorsqu'un témoin, s'inspirant également du respect de la vérité et des scrupules de
sa conscience, ne peut affirmer catégoriquement
un fait et se borne à dire, pour être sincère :
« il me semble avoir vu », vous qui avez mis

tout scrupule de côté vous vous permettez de traduire « j'ai vu ». Cela est plus net mais tout à
fait inexact et vous mettez ainsi dans la bouche
du témoin une affirmation qu'il n'articulera pas
devant le juge d'instruction ni devant le tribunal.
Si l'affaire est instruite après votre enquête, l'instruction révèlera votre erreur, votre parti-pris
peut-être. Si elle est portée telle quelle devant le
tribunal, les débats lui donneront un aspect nouveau qui réduira votre action à sa juste valeur
et dont pourra sortir un acquittement qui sera
loin d'être agréable au magistrat occupant le
siège du ministère public. Ce magistrat étant
appelé à fournir des explications en haut lieu,
son droit, que dis-je? son devoir sera de dire
quel rôle vous avez joué dans cette affaire, et
vous voyez d'ici le cas que l'on fera de votre valeur
et de votre personne. Si bien, qu'en cherchant à
vous faire valoir par un procédé purement illu-
soire, vous n'aurez réussi qu'à laisser dans l'esprit de tous ceux qui auront eu à s'occuper de
vous, une impression désagréable qui, pour votre
malheur, durera trop longtemps.

Certes, je ne veux pas dire qu'il nous soit

défendu de nous tromper. Personne n'est infaillible. Une affaire peut se présenter sous un faux
jour et il peut arriver que, par suite de la mauvaise foi ou des réticences d'un témoin et malgré
toute la précision et toute la persévérance que
nous aurons pu mettre à poursuivre l'enquête,
nous n'arrivions pas à faire sortir de cette affaire
ce qu'en réalité elle contient. Alors, nous serons
excusables et personne ne songera à nous blâmer
de notre insuccès, de notre erreur même, si ce
résultat, quelque regrettable qu'il soit, ne peut
être imputé à notre présomption ni à notre légèreté, et s'il ne vient que d'un concours de circonstances fâcheuses contre lesquelles notre
bonne volonté et notre dévouement auront été
impuissants. C'est à ces conditions seulement,
c'est-à-dire quand nous aurons fait tout le possible, que nous pourrons prétendre à l'indulgence,
sinon à la satisfaction de nos chefs.

Il en serait autrement si, péchant par légèreté
ou autrement nous en venions à entacher, ne
fût-ce qu'un instant, l'honneur et la considération de citoyens irréprochables dont la légitime
indignation ne tarderait pas à être partagée par

l'opinion publique et à porter atteinte à l'autorité et au respect de la loi.

Il s'ensuit que lorsque vous fournissez des renseignements, soit intimement au parquet, soit publiquement à l'audience du tribunal devant le-quel vous êtes appelé comme témoin, vous devez vous abstenir de toute incursion dans le domaine de la fantaisie et de toute affirmation que des circonstances probantes ne viendraient pas cor-roborer. En un mot, vous ne devez jamais sup-pléer à l'insuffisance de vos renseignements ou aux lacunes de votre enquête par les ressources de votre imagination.

En dépassant la mesure vous engageriez les magistrats du parquet dans une action regretta-ble et dangereuse dont ils pourraient, avec juste raison, faire retomber le déplorable résultat sur votre tête. De même, en émettant devant le tri-bunal des appréciations partiales et des alléga-tions exagérées, vous vous feriez considérer com-me un fonctionnaire compromettant.

L'incontinence d'action vous est défendue et il ne vous est pas permis de vous laisser domi-ner par la passion. Vous ne devez jamais oublier que la cause qui se déroule devant vous et à laquelle vous n'êtes mêlé que par le fait de votre fonction, ne peut, en aucun cas, être envisagée par vous comme une cause personnelle. Quels qu'aient été, en d'autres circonstances, les torts d'un prévenu à votre égard ; torts que vous avez eu la faiblesse ou la générosité de ne pas réprimer en temps voulu, vous ne devez pas, au moment où cet homme est poursuivi pour d'autres faits, en tirer prétexte pour aggraver de parti pris et méchamment sa situation. Ce faisant, vous commettriez une faute grave dont les conséquences pourraient vous être très-préjudiciables.

Fonctionnaire du gouvernement républicain pour l'établissement duquel vous avez peut-être vaillamment combattu étant simple citoyen, ce ne serait pas sans danger pour vous et pour autrui que vous apporteriez dans l'exercice de vos fonctions la passion qui animait l'ardeur du belligérant. Investi d'une fonction publique dont l'aspect est multiple et qui n'est pas exclusivement politique, vous ne pouvez plus agir en homme de parti, et, malgré toute l'affection que vous portez, que vous devez au gouvernement établi, il ne vous est pas permis de méconnaître que votre devoir vous commande d'accorder une égale protection à tous les citoyens sans acception d'opinions ni de nuances.

Il peut se faire qu'un homme foncièrement opposé aux institutions existantes, étant lésé dans ses intérêts, menacé dans sa sécurité, vienne vous porter une plainte juste et fondée. Faut-il, parce que l'hostilité politique de cet homme est notoire, que vous vous désintéressiez de sa plainte et que vous lui refusiez la protection qu'il réclame et à laquelle il a droit ? — Certes non. Si cet homme commet une action répréhensible, frappez-le énergiquement et sans pitié ; mais s'il est victime d'un fait dont la répression puisse être provoquée par vous, agissez dans son intérêt et défendez-le loyalement et sans rancune.

Voilà la seule manière de servir le gouvernement avec fruit et de mériter le respect général sans lequel nous ne saurions remplir utilement notre mission.

En un mot, le commissaire de police, qu'il soit appelé à éclairer la justice ou qu'il agisse spontanément dans les parties diverses de ses attributions, doit sévèrement écarter de son langage comme de son esprit tout ce qui émane de la passion personnelle. Il ne doit se souvenir que d'une chose : qu'il a prêté serment de remplir son devoir en honneur et en conscience ; qu'étant fonctionnaire public il représente la société tout entière et que, dès lors, sa parole et ses actes doivent être l'expression de la plus scrupuleuse exactitude et de la plus stricte impartialité.

Pour résumer ma pensée sur ce point j'ajouterai que dans toutes les affaires auxquelles il est appelé à participer, le commissaire de police doit pouvoir dire avec Montesquieu : « Je n'ai » point tiré mon opinion de mes préjugés, mais » de la nature même des choses ».

Après cet exposé, il pourrait sembler inutile d'ajouter que toute la conduite du commissaire de police doit être irréprochable et il pourrait paraître fastidieux d'entrer dans de nouveaux détails : c'est pourtant ce que je vais faire.

Il y a quelquefois incompatibilité d'humeur entre le commissaire de police et la population parce que, de part et d'autre, on n'envisage pas la situation, le rôle du magistrat de la police sous son vrai jour. D'un côté, le commissaire de police, s'exagérant son importance, affiche hautement des prétentions injustifiables et offensantes pour les citoyens. D'un autre côté, la population ou une partie de la population est prête à croire que le commissaire de police ne peut être autre chose que l'exécuteur empressé de tous ses caprices et qu'il est tenu d'obéir à l'injonction du premier venu. Dans le premier cas, la population a le droit de se montrer irritée par l'attitude arrogante du commissaire de police, et celui-ci, dans le second cas, est autorisé à protester contre l'état de domesticité auquel on voudrait le réduire.

Je suis convaincu que la plupart du temps ce malentendu, ces froissements ne se produiraient pas si le commissaire de police savait se montrer bienveillant et facilement accessible sans rien perdre de sa dignité.

Si en prenant possession de son poste le commissaire de police s'aperçoit que la population professe une répulsion instinctive pour la police, il doit comprendre que ce sentiment s'adresse à la fonction et non à la personne. Ne prenez donc pas pour vous ce qui ne vous est pas adressé et ne répondez pas à la froideur, à la méfiance de la population par une attitude de combat. Que voulez-vous ? cette population a peut-être été taquinée, froissée, irritée par vos prédécesseurs. Ne vous étonnez donc pas de cet état de choses et n'imitez pas ceux qui l'ont créé en vous faisant maladroitement le continuateur de leurs pratiques détestables.

Mieux vaut, au contraire, s'efforcer de faire disparaître la mauvaise impression du passé. Montrez-vous réservé, prudent, conciliant, convenable, et la population qui vous a accueilli avec une certaine défiance ne tardera pas à vous accorder l'estime à laquelle vous avez droit. Prouvez-lui que vous êtes juste et elle vous prouvera qu'elle aime aussi fortement les bons fonctionnaires qu'elle déteste les autres.

Des esprits attardés dans les broussailles du passé disent que le respect s'en va. — Non il ne s'en va pas ; mais, dans notre France devenue un pays de libre examen et de libre discussion, le respect ne va plus qu'à ceux qui l'attirent et qui s'en montrent dignes.

Pour être respectés, soyons respectables.

Est-ce un bon moyen d'attirer le respect que d'affecter constamment un ton rogue et de ne parler qu'avec les grosses dents ? — Je ne le crois pas. — Il y a cependant des commissaires de police qui croiraient manquer de prestige s'ils ne prenaient pas envers le public un air dédaigneux et bourru.

« Nous devons reconnaître qu'à la suite de la
» crise de janvier 1879, le personnel des commis-
» saires de police a été profondément changé.
» Maintenant beaucoup sont des hommes hono-
» rables, bienveillants, dévoués aux institutions
» républicaines, et s'inspirant de l'esprit qu'elles
» doivent avoir. Malheureusement nous ne pou-
» vons en dire autant de tous. De temps en temps
» des faits nous prouvent que certains d'entre
» eux se considèrent comme destinés par métier
» à frapper les simples citoyens. Il y a encore
» des commissaires de police qui sont entrés
» dans l'administration dès les premières années
» de l'empire et qui représentent la tradition
» de la police de cette époque. »

« La position de certains hommes est particu-
» lièrement choquante. »

« Certains commissaires de police ne se ren-
» dent pas encore compte qu'ils sont les servi-
» teurs du public et non ses maîtres. Ils ont
» gardé dans leurs rapports des habitudes d'in-
» solence grossière, incompatible avec nos mœurs
» actuelles et une organisation républicaine.
» D'autres ne paraissent pas se rendre compte
» de la protection qu'ils doivent aux faibles. »

« Beaucoup de commissaires de police n'ont
» pas le respect des pauvres, n'ont pas les mœurs
» démocratiques. Ils se résignent difficilement
» à traiter de la même manière des individus
» vêtus de façon différente. Ils ont une tendance
» constante à donner raison à l'individu bien
» posé, à l'aise, contre celui qui ne présente pas
» de surface. »

« C'est là une question d'habitude que nous si-
» gnalons. Si à la tête de la police se trouvaient
» des hommes affables et ayant le sentiment de
» l'égalité, elle serait vite résolue [1]. »

Cette critique est malheureusement trop fondée
en certaines de ses parties, et la seule inspection

----

(1) Yves Guyot. La Police. Vol. 1881, p. 96, 97, 98.

physique du commissaire de police permet souvent d'apprécier la juste portée de ces lignes.

Allez dans les postes inférieurs, et rien qu'à sa démarche, à son air, à son allure, vous reconnaîtrez, dans la rue, le commissaire de police que vous n'aurez jamais vu auparavant.

On reconnaît un cordonnier, un tailleur à leur démarche et à certaines déformations physiques produites par l'exercice de la profession ; mais je vous le demande, qu'est-ce qui peut faire ressembler un commissaire de police à un autre commissaire et comment se fait-il, qu'au milieu de la foule, un étranger distingue presque infailliblement le commissaire de police de la ville ? C'est tout simplement parce que certains commissaires croient ingénument qu'ils sont tenus de composer leur visage, leur personne sur un type unique, particulier, tirant l'œil, forçant l'attention, et qu'ils croiraient ne pas être dans leur rôle s'ils ne se singularisaient pas et s'ils n'enrubannaient pas leur canne ou leur chapeau de cette devise surannée :

« C'est moi qui suis Guillot »
« Berger de ce troupeau. »

Rien de plus ridicule que cela. Ne soyons pas grotesques et cherchons moins à être remarqués qu'à nous rendre utiles : cela vaudra mieux pour tout le monde. Mettons toute jactance de côté et agissons envers tous avec autant de dévouement que de bienveillance.

A une époque qui n'est pas encore bien éloignée de nous, on pouvait dire avec raison que la police avait érigé la brutalité à la hauteur d'un principe. Il est grand temps que cet état de choses cesse là où il existe encore et que l'on se souvienne que l'aménité est une qualité essentiellement française qui n'est nullement incompatible avec l'exercice de fonctions publiques quelles qu'elles soient.

« Le commissaire de police ne doit pas courir
» après ceux qui peuvent avoir besoin de lui.
» C'est la meilleure manière qu'ils ne le rejoi-
» gnent jamais. Il doit être en permanence dans
» un endroit donné où tous ceux qui veulent
» recourir à lui savent où le trouver.

Je sais bien qu'il ne dépend pas toujours de nous que les personnes qui nous cherchent puissent nous rencontrer à point nommé. Notre service nous appelle un peu partout et les malfaiteurs dont nous avons à relever les actes n'indiquent pas d'avance l'heure de leurs opérations. Nous ne pouvons, par exemple, procéder à la constatation d'un crime et recevoir en même temps des plaintes pour d'autres faits. Mais ce sont là des circonstances exceptionnelles en dehors desquelles le public doit pouvoir nous rencontrer à des heures déterminées et en un lieu particulier, c'est-à-dire, au bureau de police. C'est là que nous devons être le plus longtemps, le plus souvent possible, et il n'est pas admissible que les personnes qui comptent avec raison nous y trouver ne puissent jamais parler qu'à des employés subalternes qui, légalement, ne peuvent nous remplacer dans une foule de cas.

Il est des commissaires de police qui croient avoir suffisamment rempli leur journée en passant une heure au bureau : demi-heure le matin et demi-heure le soir. Durant ce long intervalle, ils s'inquiètent peu si le public se morfond et s'impatiente en les attendant car ils ont formellement recommandé à leurs subordonnés de ne les déranger qu'à bon escient, et ils n'ont pas honte quand un agent, pénétrant dans la salle de café où ils sont attablés, vient interrompre leur partie de cartes en leur annonçant qu'une affaire importante réclame leur présence au poste que le devoir leur commandait de ne pas déserter.

Tristes fonctionnaires que ceux-là ! On les trouve rarement de bonne humeur. Jugez donc : avec leurs habitudes de paresse ils ne tardent pas à prendre en horreur tout ce qui leur rappelle l'accomplissement de leur mission. La plus petite besogne est pour eux un travail immense, et ils considèrent la moindre de leurs actions comme un sacrifice énorme fait à la société qui doit évidemment leur garder une indicible reconnaissance et transmettre aux générations à venir la relation laudative de leurs mérites.

Je le répète : tristes, tristes fonctionnaires que ceux-là ! Leur coupable indifférence et leur insupportable suffisance sont au moins aussi blâmables que le zèle intempestif de ceux dont j'ai déjà parlé, et, comme ici les extrêmes se touchent, il est très vrai de dire qu'ils sont également compromettants.

Donc, assiduité à notre poste et bienveillance

générale, voilà notre devoir envers le public.

Il a été un temps où il était entendu, sinon officiellement au moins tacitement, que le public devait être à la disposition de certains fonctionnaires qui manquaient rarement l'occasion de consacrer cette doctrine, commode pour quelques milliers de gens, mais excessivement désagréable pour des millions de citoyens réputés libres en théorie mais qui, en fait, n'étaient que les humbles esclaves de leurs audacieux serviteurs.

Les commissaires de police n'étaient pas les derniers à profiter de cette situation anormale. De mauvaises langues prétendent que certains d'entre eux croient qu'il est toujours de bon ton de suivre cette singulière tradition.

Aujourd'hui, de tels abus ne peuvent être tolérés. Les fonctionnaires doivent se tenir à la disposition du public ; — notez bien que je ne dis pas à ses ordres, — et comme le commissaire de police est, de tous les fonctionnaires, celui dont les rapports avec le public sont les plus fréquents et les plus intimes, il doit être, non-seulement facilement accessible, mais particulièrement bienveillant. Il faut que le public ne voie plus en nous des argousins mais des magistrats disposés à l'écouter avec impartialité et prêts à faire droit à toute demande juste.

Oui, je vous entends : vous dites que bien souvent vous recevez la visite de gens qui viennent vous raconter des choses qui ne vous regardent nullement et qui vous font perdre inutilement votre temps. — Je ne dis pas le contraire. Est-ce une raison pour rudoyer et épouvanter ces pauvres gens qui se retireront satisfaits si vous prenez la peine de leur expliquer leur erreur ? Est-ce qu'il ne leur est pas permis de se tromper un peu sur la nature et l'étendue de vos attributions ? Nul n'est censé ignorer la loi, et malgré cela il y a une foule de personnes qui n'en connaissent pas un traître mot et qui sont, ma foi, bien excusables parce qu'elles n'ont eu ni le temps ni les moyens de l'étudier. Soyons donc indulgents pour les ignorants et comprenons qu'ils ont droit, plus que tous autres, à notre sollicitude.

Que diriez-vous si vos chefs vous refusaient les renseignements que vous allez quelquefois leur demander car, vous non plus, n'est-ce pas ?

vous ne possédez par la science infuse. — Vous vous retireriez confus et mécontents de leur manque de complaisance. — Autant vous êtes heureux d'être bienveillamment accueillis par vos supérieurs, autant le public est satisfait d'être convenablement reçu par vous. Une bonne parole ne coûte pas plus qu'une rebuffade et elle produit toujours un bien meilleur effet.

Rappelons- nous bien que l'estime du public pour le fonctionnaire est en raison directe des procédés employés par le fonctionnaire à l'égard du public. Cela a toute la rigueur d'une formule algébrique parce que cela est parfaitement exact.

Un jour, la pensée que je viens de développer était solennellement formulée devant la Cour d'Appel de Paris par l'éloquent Chaix-d'Est-Ange qui s'exprimait ainsi : « C'est aux magistrats » inférieurs de la justice, à ses auxiliaires, à ceux » qui, dans nos villes et nos campagnes, sont en » contact le plus direct avec le peuple, qui se » trouvent journellement en présence de ses be- » soins, de ses plaintes, de ses impatiences, quel- » quefois de ses colères, que nous voudrions nous » adresser en ce jour. Le dédain irrite surtout

» les malheureux que pourrait souvent calmer
» une parole d'intérêt ou de conseil, et la gloire
» obscure, sans doute, mais pourtant digne d'en-
» vie de celui qui vit ainsi près d'eux c'est de les
» détourner du mal, de les soutenir dans le bien,
» de les amener doucement à lui par la confiance
» et le respect qu'il leur inspire. »

Je dis donc que notre affabilité ne doit jamais être prise en défaut. Quel que soit celui qui se présente devant nous, riche ou pauvre, bien vêtu ou couvert de haillons, il a un droit égal à notre attention et nous devons l'accueillir avec bien-v'llance lorsque rien ne nous permet de le considérer comme un malhonnête homme.

Si, par contre, quelque plaignant se permettait de venir nous dicter des ordres (cela arrive quelquefois), notre devoir serait de relever vertement l'inconvenance de celui qui prendrait une telle attitude, attitude que nous ne pourrions tolérer sans laisser porter atteinte à notre dignité et sans faire preuve de faiblesse.

A part ces circonstances exceptionnelles qui peuvent seules légitimer notre emportement, nous devons toujours rester calmes et dignes, respectueux des droits de tous pour que tous respectent notre autorité, et ne jamais oublier que la meilleure manière d'avoir à relever rarement le délit d'outrages c'est de ne pas le provoquer.

Il est si facile de se faire aimer que je ne comprends pas pourquoi certains fonctionnaires s'obstinent à employer des procédés dont l'expérience journalière devrait cependant leur démontrer les fâcheuses conséquences. Une personne vient vous entretenir d'un fait qui ne vous concerne pas ou vous demander une chose que vous n'êtes pas tenu de faire. Est-ce un motif pour rudoyer cette personne, et quelle est la raison qui vous empêche de la congédier poliment ? Je vais plus loin et je dis que si vous pouvez, sans excès de pouvoir, accomplir ce qui vous est demandé, vous devez le faire.

A ce sujet, pardonnez-moi si je vous cite un fait qui m'est personnel. Comme il n'a rien d'extraordinaire, je me plais à espérer que l'on ne m'accusera pas de chercher à en tirer vanité.

Au mois de janvier 1884, je reçus un télégramme m'annonçant que deux jeunes parisiens de quatorze ans s'étaient évadés du lycée Condorcet et se dirigeaient vers l'Espagne, munis d'une faible somme d'argent, de deux revolvers et d'une forte provision de cartouches. Je prescrivis immédiatement des recherches qui, au bout de quelques instants, me donnèrent la certitude que ces jeunes gens avaient été aperçus en ville dans la matinée. Y étaient-ils encore ? Par mes ordres, plusieurs agents fouillèrent tous les hôtels et établissements publics, mais sans aucun succès. J'intervins personnellement, et à six heures du soir j'appris que les jeunes vagabonds avaient quitté le pays avant l'arrivée de la dépêche m'annonçant leur fuite.

Je pouvais m'en tenir là et déclarer mon devoir accompli. Je n'en fis rien cependant. Je calculai que la bourse de ces enfants devait être à peu près épuisée ; je craignis que, réduits au jeûne forcé, ces petits fous, obéissant à un faux point d'honneur, eussent la malheureuse idée de faire un mauvais usage de leurs armes ; je songeai à l'angoisse qui devait étreindre le cœur de leurs parents, et, sachant dans quelle direction ils étaient partis, je commandai une voiture et, accompagné de deux agents, je me mis à leur poursuite.

Nous explorâmes scrupuleusement haies et buissons, fermes et domaines, et, d'indications en indications, nous rejoignîmes les fugitifs à minuit, au moment où ils venaient de demander l'hospitalité chez un paysan, à l'entrée d'une forêt, à vingt kilomètres de la ville.

Ils ne possédaient plus que trois francs et quelques centimes, et ce qui prouve que mes craintes n'étaient pas chimériques, c'est la réponse que me fit l'un d'eux quand je leur demandai ce qu'ils auraient fait, au bout de deux ou trois jours, quand leur pécule aurait été complètement épuisé. — « Ah ! monsieur, jamais nous n'aurions osé écrire à nos parents. A bout de ressources, nos pistolets nous restaient, nous aurions su nous en servir et nous faire justice. »

Je ramenai les enfants avec moi, et, après les avoir débarrassés de leurs armes, je les plaçai en lieu sûr en attendant l'arrivée de leurs parents auxquels, le lendemain à la première heure, j'annonçai par télégramme l'heureuse capture de leurs trop volages héritiers.

Les familles ne tardèrent pas à venir me récla-

mer les petits vagabonds et je vous jure que je
fus largement récompensé du mal que je m'étais
donné. — « Monsieur le commissaire, me disait
Madame G..... épouse distinguée d'un ingénieur
de Paris et mère de l'un des enfants, les paroles
me manquent pour vous exprimer toute ma reconnaissance qui est d'autant plus vive que personne n'a paru prendre intérêt à ma pénible situation, sauf M. le commissaire central d'O..... et
vous qui avez agi admirablement. »

Je répondis simplement : — Madame, la situation d'esprit dans laquelle vous vous trouvez vous
fait exagérer l'importance d'un acte tout simple
et tout naturel. Si, pour retrouver votre fils, je
suis allé un peu plus loin que mon devoir ne l'exi-
geait, c'est seulement parce que je suis père de
famille et que j'ai compris quelle devait être votre
anxiété. J'ai fait pour vous ce que je voudrais
qui fut fait pour moi, ce que tout homme cons-
ciencieux ferait, j'en suis convaincu, si l'occasion
s'en présentait.

Elle n'en voulut rien croire et sa reconnaissance
persista à taxer de modestie ce qui n'était que l'expression de la vérité. Si vous aviez vu les larmes

de joie que versait cette dame ; si vous aviez entendu avec quel accent de sincère gratitude elle sollicitait *l'honneur* de me serrer la main, vous auriez compris que j'étais largement payé du petit service que j'avais rendu.

Vous voyez qu'il suffit de bien peu de chose pour se faire aimer. Il s'agit de comprendre qu'autant nous devons être impitoyables pour tous ceux qui font le mal, autant nous devons être prêts à nous rendre utiles aux honnêtes gens qui ont besoin de nous.

Par suite, nous devons nous attacher à faire comprendre à nos agents qu'ils doivent s'inspirer des mêmes sentiments. Nous devons d'abord exiger d'eux la plus grande déférence pour notre personne et nous pouvons l'obtenir en nous montrant à leur égard, sévères mais justes. Si nous voulons que nos subordonnés exécutent nos ordres avec ponctualité et empressement, commençons par mériter leur respect et leur estime. Traitons-les comme ils le méritent : sans mépris, sans familiarité compromettante et sans rigueur excessive. Faisons-leur comprendre qu'ils peuvent faire leur devoir, tout leur devoir, en restant aussi convenables envers le public qu'envers leurs chefs. Soutenons-les énergiquement quand ils sont l'objet d'attaques injustes, mais n'hésitons pas à les blâmer sévèrement quand ils ont tort, à les faire châtier impitoyablement quand ils sont coupables. Enseignons-leur enfin que pour se faire respecter ils sont tenus de se montrer dignes de respect.

Voici un portrait du gardien de la paix qui, sauf certains points de détail, peut s'appliquer au sergent de ville ou à l'agent de police de province :

» Le public exige tout du gardien de la paix,
» et ne pense ni aux difficultés ni aux fatigues
» de sa situation. Il ne lui vient pas à l'idée que
» cet homme travaille d'autant plus que lui s'a-
» muse davantage ; qu'il doit se trouver debout,
» jour et nuit, condamné à des besognes répu-
» gnantes, comme le ramassage des ivrognes,
» dangereuses, comme l'arrestation de malfai-
» teurs, d'aliénés, l'apaisement de rixes. Qu'il
» pleuve, qu'il neige, qu'il vente, qu'il gèle, ou
» que le soleil soit torride, il faut qu'il soit là.
» Le brouillard tombe : il doit tenir des torches
» allumées. Le verglas s'étend sur les pavés :

» pour relever bêtes et gens, il doit oublier qu'il
» peut tomber. Un cheval s'emporte : à lui de
» l'arrêter. Un chien enragé jette la terreur dans
» la rue : à lui seul il n'est permis de reculer.
» Dans son obscurité, il doit toujours être prêt à
» l'héroïsme, et il doit allier à cette prédisposi-
» tion la politesse, être ferme sans rudesse, faire
» observer sa consigne à quiconque, si haut
» qu'il soit, concilier la rigueur avec l'amé-
» nité. »

» L'ouvrier le voyant debout, bien enveloppé
» dans sa capote, immobile, ou se promenant en
» se dandinant autour de son îlot, a une tendance
» à le traiter de fainéant, comme il traiterait de
» fainéant le marin pendant ses longues heures
» de quart. Seulement, le moment venu, il faut
» qu'il donne une dose formidable d'énergie. »

Il est de fait que le public ne rend pas toujours
justice à l'agent et ne lui accorde pas la reconnaissance que devrait forcément attirer l'exercice de sa fonction pénible et méritoire entre toutes. Cela vient le plus souvent de ce que l'agent
s'aliène la sympathie du public et fait malheureusement oublier l'importance des services qu'il

rend par la rudesse de ses procédés et la gros-
sièreté de son langage.

Attachons-nous donc à maintenir l'agent dans
son rôle et n'oublions pas que ce qu'il y a de répréhensible en lui rejaillit directement sur nous.
Pour cela faire, prêchons d'exemple, et si nous
voulons exercer une autorité réelle sur nos subordonnés, donnons-leur pour modèle notre conduite exempte de tout reproche et sachons prouver d'une façon constante que nous sommes des
hommes d'honneur dans la plus large acception
du mot.

— « On peut être homme d'honneur et n'être
pas tout-à-fait exempt de certains vices. » —
C'est possible ; mais, pour ma part, je voudrais
que tout homme chargé d'un service public fût
exempt de reproche, non-seulement dans l'exercice de sa fonction, mais dans la généralité de
ses actes, car je sais, et tout le monde sait qu'on
lui retire en estime tout ce qu'on est obligé de
lui accorder en indulgence.

Entre tous les vices dont devrait se garder le
fonctionnaire, il en est un dont je ne peux m'empêcher de dire un mot parce qu'il me paraît être

de nature particulièrement dangereuse. Je veux parler de l'ivresse.

Que le simple particulier caresse au coin de son feu la dive bouteille et arrose copieusement son gosier de cette délicieuse purée septembrale dont parle Rabelais, libre à lui. Encore doit-il s'abstenir, quand il a trop sacrifié à Bacchus, de franchir le seuil de sa demeure et de poser son pied mal assuré sur la voie publique, car ses titubations risqueraient fort de le faire choir, non-seulement sur le pavé, mais aussi sous l'application de la loi du 23 janvier 1873.

Quand c'est un particulier qui se trouve dans cet état, il excite les sourires ou la pitié des passants, les lazzis des gamins, et quand il a soldé les frais de la condamnation résultant de la contravention relevée contre lui, tout est dit.

Quand c'est un fonctionnaire, un commissaire de police qui s'oublie à ce point, le cas devient très-grave car cet homme perd toute autorité et, en la perdant, il se déshonore lui-même en déshonorant sa fonction et, dans une certaine mesure, le gouvernement qui lui a confié une mission d'ordre public. Et de plus, quels sont les services que peut rendre un homme qui, en réalité, ne possède plus sa raison ? Non-seulement il est incapable de bien faire, mais, dans l'état où il est, il constitue un véritable danger et il peut être nuisible au public, à ses subordonnés, à ses chefs, à tout le monde enfin.

Qu'un événement grave, un crime quelconque vienne à lui être dénoncé en un pareil moment, que pourra faire de bon cet homme dont la conscience est paralysée comme la langue et comme l'esprit. Je le répète : il sera inutile et dangereux. Ah ! certes, on reproche bien assez à la justice d'arriver à pas lents sans que ses serviteurs viennent encore ralentir sa marche en se faisant écraser sous les roues de son char.

Avant de terminer cette causerie je veux examiner rapidement une dernière question.

Quelques commissaires de police acceptent de certaines personnes soumises à leur surveillance des cadeaux qu'ils considèrent comme une compensation à l'exiguïté de leur traitement. Qu'ils y prennent bien garde ! Ils s'engagent ainsi dans la route fatale qui, d'étape en étape, conduit le fonctionnaire à la forfaiture et au déshonneur.

Comment ne pas comprendre d'ailleurs que ceux qui donnent ont intérêt à donner. Leur calcul est bien simple : ils vous lient. Malgré vous, vous serez forcé d'être indulgent à leur égard ; et s'il arrive un moment où vous soyez obligé de sévir contre eux, ils ne vous le pardonneront pas et ils s'arrangeront de manière à faire savoir que vous avez été aveugle et muet pendant qu'ils vous fermaient les yeux et la bouche à coups de largesses. Ce jour-là, le condamné se posera en victime de vos appétits ; l'opinion publique sera pour lui ; les rieurs seront contre vous ; les blâmes pleuvront dru sur votre tête et ce sera justice. Si votre disgrâce s'ensuit, elle sera bien méritée et vous pourrez dire en toute vérité : *meâ culpâ !*

Quand un fonctionnaire a perdu de vue la probité professionnelle, c'est qu'il ne peut plus entendre la voix de sa conscience. Je ne connais pas d'être plus dangereux que celui-là !

Ah ! autant je m'indigne contre l'injustice de ceux qui calomnient une administration tout entière en lui reprochant iniquement les fautes de certains de ses membres et en l'en rendant solidaire, autant j'applaudirais celui qui dénoncerait l'homme réellement indigne de sa fonction, le fonctionnaire coupable dont le cynisme est un outrage permanent à la conscience publique. Je maintiens, en effet, que le fonctionnaire qui trafique ignominieusement de sa fonction est le pire ennemi de toute société et de tout gouvernement. Il n'y a pas d'infamie comparable à celle de l'homme qui étant chargé d'un service public s'avilit jusqu'à commettre des actes de nature à faire mépriser les lois et à faire disparaître tout sentiment moral du cœur d'une nation.

Après avoir reconnu cela, je n'admets pas que des écrivains qui se réclament du nom français poussent la passion politique ou la haine personnelle jusqu'à prétendre que nos gouvernants professent le culte de l'infaillibilité du fonctionnarisme au point de couvrir des actes que toute conscience honnête réprouve avec indignation. S'il en était ainsi, tout serait bientôt perdu et il faudrait s'apprêter à graver l'épitaphe sur la pierre tombale destinée à couvrir les débris de la vieille Gaule disparue pour jamais !

Mais nous n'en sommes pas là : nous n'en

viendrons jamais là ! Ceux qui lancent de pareilles accusations ne sont rien autre chose que des calomniateurs. Si des actes coupables commis par des fonctionnaires restent impunis, c'est parce qu'ils sont ignorés. Nos gouvernants, comme on les appelle ironiquement, savent à merveille qu'ils ne peuvent que s'honorer en répudiant énergiquement et sans hésitation les fautes ou les excès de leurs partisans et de leurs subordonnés. Ils savent et ils l'ont prouvé, que c'est dans l'impartialité et la dignité de ses décisions qu'un gouvernement puise son autorité, sa véritable force et ses plus solides garanties d'avenir.

Ce n'est donc pas aujourd'hui qu'il serait possible de rééditer la parole indignée que Châteaubriand prononçait en 1815 quand il parlait des conditions d'existence de la police : « Com-
« ment donc encore une fois souffrir un tel foyer
« de despotisme, un tel amas de pourriture, au
« milieu d'une monarchie constitutionnelle ?
» Comment dans un pays où tout doit marcher
» par les lois établir une administration dont la
« nature est de les violer toutes ? Récompenser

« le crime, punir la vertu, c'est toute la police.»
Non, il ne serait pas juste d'adresser aujourd'hui
le même reproche à l'administration dont nous
avons l'honneur de faire partie. J'ajoute cependant que cette administration ne sera universel-
lement aimée et respectée que le jour où chacun
de ses membres sera assez honnête, assez probe
pour qu'aucune accusation ne puisse l'atteindre;
quand tous comprendront qu'ils peuvent faire
tout leur devoir avec dévouement et énergie
mais sans excès. Cela peut être, et je dis plus,
cela doit être.

Il y a dans Plutarque un passage qui m'a toujours frappé, qui résume admirablement la pensée que j'ai cherché à développer ici et que, par
conséquent, je veux citer.

» .... De même une politique roide et oppo-
» sée en tout aux volontés populaires a une ten-
» sion trop rude et trop dure ; et, d'autre part,
» il y a quelque chose de glissant et de dange-
» reux dans celle qui mollit avec ceux qui com-
» mettent des fautes, et qui penche du côté où
» se porte la foule. Au contraire, une politique
» qui se montre facile au peuple obéissant et qui

» accorde ce qui plaît pour redemander ensuite
» ce qui est utile, un gouvernement d'hommes
» dont on exige beaucoup de choses avec une
» douceur qui tourne à leur avantage, afin de ne
» pas tout leur imposer avec despotisme et vio-
» lence, est salutaire, efficace, mais difficile, à
» cause du rare mélange de la sévérité jointe à
» la bonté. Quand ce mélange a lieu, c'est la fu-
» sion la plus parfaite de tous les rhythmes et
» de toutes les harmonies ; c'est celle que la di-
» vinité applique, dit-on, au gouvernement du
» monde, où rien ne se fait par la violence,
« mais où la persuasion et la raison tempèrent
» la nécessité ».

Est-ce que l'idée exprimée dans ces lignes n'est pas profondément juste et sensée ? Passant des temps anciens aux temps modernes, appliquée à la société contemporaine, elle veut dire, si je ne m'abuse, que dans l'ordre politique la liberté doit être appliquée largement sans que l'autorité soit méconnue. Transportée dans la sphère de notre action, cette méthode nous indique que, sans faiblesse et sans lâcheté, nous pouvons faire notre devoir sans exagération parce que la passion, l'emportement, la colère ne ressemblent en rien à la fermeté, la fermeté étant faite de raison et la colère ayant des liens d'affinité avec la folie. « *Ira furor brevis est* » a dit le vieil Horace.

Ne cherchons donc pas à être plus que la loi ne veut et n'oublions pas que notre service, si délicat et si difficile, demande à être fait avec autant de prudence que de fermeté, avec autant de circonspection que d'énergie. Inspirons-nous du mot de Franklin et, par la rectitude de notre conduite, enseignons aux citoyens qu'il faut respecter même les mauvaises lois car elles nous servent à en obtenir de bonnes.

Je ne puis m'empêcher de citer ici les belles paroles que M. le Procureur général Renouard prononçait un jour devant la cour de cassation :
» Le droit écrit n'est juste et vrai qu'à la condi-
» tion de fidèlement traduire le droit naturel,
» supérieur aux lois, puisqu'il n'est pas comme
» elles l'œuvre des hommes, mais impuissant à
» gouverner. Il n'est, pour les sociétés, d'exis-
» tence possible que guidées et protégées par
» l'expression de commandements revêtus de sanc-
» tion extérieure et armés d'une force d'exécution

» directement obligatoire. La confusion serait
» inextricable et l'autorité manquerait si les in-
» terprétations du droit naturel et sa traduction
» en injonctions impératives étaient livrées aux
» lumières ou aux caprices des inteligences in-
» dividuelles. Cet office est réservé à la loi, qui
» en est présumé le plus sûr organe. Chaque
» conscience sans doute, reste libre d'apprécier
» les lois, et de les admirer ou les blâmer, mais
» nul n'est dispensé de respecter leurs décisions,
» et de soumettre à leurs déclarations authenti-
» ques les actes pratiques de la vie. On peut,
» on doit souvent provoquer le législateur à en
» opérer la réforme ; la licence n'est jamais don-
» née de se soustraire à leur empire tant qu'el-
» les durent, et de les abroger ou modifier à
» son gré et à son usage. »

Mais, seront tentés de dire ceux qui se sentent
particulièrement touchés par certaines de mes critiques, vous voulez donc nous transformer en
petits saints ? — J'affirme, ne vous déplaise, que
l'homme qui est chargé d'un service public, dont
la mission consiste à combattre tout ce qu'il y a
de mauvais et de nuisible dans la société, est

tenu de donner le bon exemple. Je soutiens que le fonctionnaire dont la conduite n'est pas exempte de reproche est incapable d'exercer utilement sa fonction. Je dis qu'avant tout nous devons nous inspirer de la loi, cette suprême niveleuse qui, dédaignant les privilèges de naissance, de rang ou de fortune, protège tous ceux qui le méritent et frappe indistinctement, loyalement, justement tous les coupables.

Sur tous nos actes doit rayonner la justice, émanation, manifestation de la conscience qui enseigne au citoyen à user raisonnablement de ses droits et qui guide le fonctionnaire dans le chemin du devoir et de l'honneur.

Je voudrais enfin qu'au moment où nous changeons de résidence ou bien lorsque l'âge nous oblige à résigner nos fonctions, nos chefs et les populations puissent s'accorder à dire de chacun de nous : « Il n'a jamais consulté que sa conscience et le jugement de sa conscience est le seul qu'il ait jamais redouté. »

EXPLICATION NÉCESSAIRE

Le faux en écriture publique est un crime qui
ne fait qu'indigner.

Le viol est un crime qui inspire surtout le
dégoût.

La plus terrible expression du crime c'est le
meurtre, qui provoque l'épouvante et l'horreur.

On l'a dit avec raison, les deux grands remèdes
contre l'assassinat sont l'instruction et le travail :
l'école pour l'enfant et l'atelier pour l'homme.

Certes, je ne veux pas dire que, fatalement, le
coupable atteigne toujours le plus haut degré de
ses fautes en suivant méthodiquement un chemin
qui part de la contravention pour passer au
délit et arriver jusqu'au crime. Non : tel individu
entre de plein pied et du premier coup à la Cour
d'Assises par un épouvantable forfait ; tel autre
commet une contravention, un délit relativement
grave, et s'arrête, repentant, pour recommencer
une existence qui sera désormais irréprochable.
Mais, comme à moins d'un dérangement cérébral

subit.ou d'un concours exceptionnel de circons
tances fâcheuses l'homme n'arrive au meurtre
que par une sorte de progression, le rôle préventif de la police consiste à arrêter, dans la
mesure du possible, cette marche qui peut être
dénommée descendante ou ascendante selon qu'on
l'envisage au point de vue de la dégradation
morale ou au point de vue de l'aggravation de
culpabilité.

Or, comme cet état de choses a sa source dans
la cupidité, l'ignorance et la dépravation, notre
rôle consiste à seconder tout ce qui est de nature
à améliorer la condition intellectuelle de l'homme,
et à combattre tout ce qui tend à le dégrader, à
perpétuer son ignorance et à jeter dans son
esprit et dans son cœur le germe des actions
criminelles.

C'est cette double considération qui m'a inspiré l'idée de traiter les sujets qui vont suivre.

L'INSTRUCTION PUBLIQUE

> « La tête de l'homme du peuple, voilà la question.
>
> Cette tête est pleine de germes utiles. Employez pour la faire mûrir et venir à bien ce qu'il y a de plus lumineux et de mieux tempéré dans la vertu.
>
> Tel a assassiné sur les grandes routes qui, mieux dirigé, eut été le plus excellent serviteur de la cité.
>
> Cette tête de l'homme du peuple, cultivez-la, défrichez-la, arrosez-la, fécondez-la, éclairez-la, moralisez-la, utilisez-la ; vous n'aurez pas besoin de la couper. »
>
> (*Victor Hugo. — Claude Gueux.*)

Après les désastres de 1870, la France a répété par les mille voix de ses citoyens clairvoyants, de ses publiscistes, de ses hommes d'Etat : — Ce qui nous a terrassés, ce n'est pas seulement l'incurie du régime impérial, l'habileté diplomatique de M. de Bismarck, la science stratégique de M. de Moltke, la discipline et la puissante organisation de l'armée prussienne, c'est aussi et surtout l'œuvre patiente et persévérante du maître d'école allemand.

Cela était vrai ; et, depuis cette époque, notre pays a donné un essor immense à l'instruction de ses enfants.

Naguère encore il n'y avait qu'un monument au village : c'était l'église.

Aujourd'hui il y en a un second, vaste, commode, sain ; c'est la pépinière de la patrie ; c'est la serre bienfaisante où se développent les intelligences, où les caractères se forment, où se trempent les cœurs : c'est l'école.

Les établissements et les maîtres se sont multipliés, la science s'est vulgarisée, l'étude est devenue attrayante, les choses les plus abstraites ont été rendues faciles, et l'heure n'est pas éloignée où tous les enfants, sans distinction d'origine ni de rang, auront, par leur seul mérite, droit d'entrée dans les établissements supérieurs et libre accès aux carrières les plus brillantes et les plus enviées.

Ce sera la réalisation aussi complète que possible de cette égalité tant et depuis si longtemps réclamée par les classes inférieures de la société.

Que demain l'ennemi se dresse encore devant nous, et nous pourrons lui opposer une armée solide, compacte, dont l'intelligence et le savoir n'empêcheront pas la vigueur.

On a dit — à tort selon moi — que l'armée serait moins bien disciplinée qu'autrefois. Pourquoi en serait-il ainsi ? L'expédition de Tunisie et celle du Tonkin ont prouvé le contraire. Je crois que cela sera encore mieux démontré dans l'avenir.

Les jeunes gens instruits accepteront la discipline comme une nécessité imposée par le patriotisme, tandis que les ignorants la subissaient comme un joug d'autant moins supportable qu'il était plus inégalement réparti.

Mais ce n'est pas seulement au point de vue de la défense du territoire que l'instruction doit être considérée comme un bienfait.

L'homme est en germe dans l'enfant. Tel est l'enfant, tel sera probablement l'homme. Donc, si l'enfant est paresseux, ignorant et plein de défauts, ne vous étonnez pas si, plus tard, il devient un homme vicieux, dangereux pour la société. L'instruction est pour l'esprit de l'enfant ce que le tuteur est pour l'arbrisseau : elle le fait pousser plus vigoureux et plus droit. C'est à ce point de vue surtout qu'elle est utile.

Oh ! je ne prends pas à la lettre la citation qui sert d'épigraphe à cette causerie, et je ne vais pas jusqu'à dire que le jour où tous les hommes seront instruits nous ne serons plus exposés à rencontrer ni voleurs, ni assassins, mais j'espère que le nombre des malfaiteurs sera sensiblement diminué.

L'oisiveté, voilà l'instigatrice des mauvaises actions des enfants qui commencent par commettre des contraventions pour lesquelles les parents seuls sont punis en vertu de la responsabilité civile, et qui, devenus hommes, suivent la pente du vice et roulent dans le gouffre. C'est ce gouffre immense, épouvantable, ce cratère hideux qui vomit ces récidivistes que nous avons malheureusement l'occasion de rencontrer trop fréquemment sur notre route et que nous traînons devant les tribunaux qui les condamnent sans espoir de les corriger. (1)

---

(1) La loi sur les récidivistes, que l'opinion publique réclamait depuis si longtemps avec nous, est enfin votée. Quoi qu'on ait pu dire, je suis convaincu qu'elle donnera d'heureux résultats.

Remontez à la source de ce mal et, neuf fois sur dix, vous trouverez le même germe : l'oisiveté. Or, l'oisiveté de l'enfant a pour conséquence naturelle l'ignorance de l'homme. L'homme ignorant étant l'être le plus rapproché de la brute est l'esclave de ses instincts qui le poussent fatalement vers le mal.

Avez-vous lu *l'Année terrible* de Victor Hugo et vous rappelez-vous la scène relative à l'incendie de la Bibliothèque ? — On reproche à l'incendiaire d'avoir follement anéanti les trésors de l'esprit humain. Le coupable n'a qu'un mot à répondre, mais un mot qui prouve son inconscience, qui atténue son crime et qui, dans sa bouche scélérate, est une accusation contre la société. — « Je ne sais pas lire. » — Donc, que m'importent vos livres et les palais dans lesquels vous les enfermez !

Le grand poëte dont l'âme généreuse trouve toujours un mot d'excuse pour toutes les erreurs, un mot de pitié pour toutes les fautes, un mot d'espérance pour toutes les douleurs et pour toutes les infortunes avait bien mis le doigt sur la plaie. Il n'y avait qu'une seule circonstance atténuante à plaider pour amoindrir l'horreur de ce crime de lèse-patrie : c'était l'ignorance. Le poète a fait jeter au vandale un cri que tous les échos ont répété et que tout le monde a entendu :

« Tu viens d'incendier la Bibliothèque ?
— Oui.
J'ai mis le feu là.
— Mais c'est un crime inouï !
Crime commis par toi contre toi-même, infâme !
Mais tu viens de tuer le rayon de ton âme !
C'est ton propre flambeau que tu viens de souffler !
Ce que ta rage impie et folle ose brûler,
C'est ton bien, ton trésor, ta dot, ton héritage !
. . . .
. . . .
As-tu donc oublié que ton libérateur,
C'est le livre ? le livre est là sur la hauteur ;
Il luit ; parce qu'il brille et qu'il les illumine
Il détruit l'échafaud, la guerre, la famine ;
Il parle ; plus d'esclave et plus de paria.
Ouvre un livre, Platon, Milton, Beccaria ;
Lis ces prophètes, Dante, ou Shakspeare, ou
[Corneille ;
L'âme immense qu'ils ont en eux, en toi s'éveille ;
Ebloui, tu te sens le même homme qu'eux tous ;
Tu deviens en lisant grave, pensif et doux ;
Tu sens dans ton esprit tous ces grands hommes
[croître ;
Ils t'enseignent ainsi que l'aube éclaire un cloître ;

A mesure qu'il plonge en ton cœur plus avant,
Leur chaud rayon t'apaise et te fait plus vivant ;
Ton âme interrogée est prête à leur répondre ;
Tu te reconnais bon,puis meilleur ; tu sens fondre,
Comme la neige au feu, ton orgueil, tes fureurs,
Le mal, les préjugés, les rois, les empereurs !
Car la science en l'homme arrive la première.
Puis vient la liberté. Toute cette lumière,
C'est à toi,comprends donc,et c'est toi qui l'éteins !
Les buts rêvés par toi sont par le livre atteints.
Le livre en ta pensée entre, il défait en elle
Les liens que l'erreur à la vérité mêle,
Car toute conscience est un nœud gordien.
Il est ton médecin, ton guide, ton gardien.
Ta haine, il la guérit; ta démence, il te l'ôte.
Voilà ce que tu perds, hélas, et par ta faute !
La livre est ta richesse à toi ! c'est le savoir,
Le droit, la vérité, la vertu, le devoir,
Le progrès, la raison dissipant tout délire.
Et tu détruis cela, toi !

      — Je ne sais pas lire. »

— *Je ne sais par lire !* · Pour des raisons
diverses mais presque toujours justes ce cri a été
mille fois répété. Alors la France et son gouvernement ont répondu : Il faut que tout le monde
sache lire et écrire ; et l'instruction obligatoire a
été décrétée.

Ici encore, mes chers collègues, notre action trouve l'occasion de s'exercer.

N'est-on pas venu souvent vous porter plainte contre des enfants de sept à dix ans ? N'est-on pas venu vous dire : — Tel jour (qui n'était ni un dimanche ni un jeudi), à telle heure (qui était précisément une heure de classe), tel gamin a volé des fruits dans mon jardin, a lancé des pierres contre les fenêtres de ma maison etc, etc. — Cet enfant n'était donc pas à l'école ainsi que le veut la loi ? — Non : et qui plus est, le petit vaurien était loin d'avoir en poche son certificat d'études primaires.

Mais sera-t-on tenté de répondre, cela ne nous regarde pas. N'y a-t-il pas une commission scolaire chargée de surveiller ces choses et de faire l'application de la loi ? — Laissez-moi vous dire qu'un tel raisonnement serait faux.

Les hommes dont se compose la commission scolaire ont d'autres préoccupations et sont souvent beaucoup plus mal renseignés que vous. Vos occupations sont nombreuses aussi — qui le sait mieux que moi qui suis des vôtres ! — mais, vous pouvez savoir ces choses, même sans faire un pas, même sans tenter une démarche.

On vous rapporte un fait du genre que je viens d'indiquer : constatez la contravention ou le délit et poursuivez ; mais, en même temps, signalez à la commission scolaire l'enfant vagabond et les parents coupables de négligence. Vous aurez ainsi atteint un double but que vos instructions de service ne vous commandent peut-être pas expressément mais dont vous ne pourrez être blâmés par vos chefs.

Vous êtes, de par la loi, officiers de police judiciaire et auxiliaires du procureur de la République ; ne pouvez-vous pas, de par votre conscience de fonctionnaires patriotes, devenir auxiliaires de l'instruction nationale.

Entendons-nous cependant. Je ne veux pas dire que, de votre propre mouvement et négligeant votre service ordinaire, vous alliez, toute affaire cessante, vous livrer à la poursuite ininterrompue des petits polissons en rupture de grammaire. Certes, en agissant ainsi, vous dépasseriez la mesure. Mais, en vous renfermant dans le cadre tracé plus haut, vous pouvez être, sans fatigue et sans excès de pouvoir, des collaborateurs précieux de l'œuvre de rénovation intellectuelle que poursuit notre pays.

Votre action peut avoir de grands et féconds résultats. Elle peut faire que les parents indifférents se décident à surveiller plus attentivement leurs enfants. Elle peut faire encore que ces enfants prennent l'habitude et le goût de l'étude. Or, l'enfant dont vous aurez fait un écolier studieux pourra devenir, dans la suite, un ouvrier laborieux. La France comptera ainsi un bon citoyen de plus, et nos tribunaux, peut-être, un récidiviste de moins.

L'IVRESSE PUBLIQUE.

Je serai aussi bref que possible et je dirai peu de chose de cette question réglée par la loi du 23 janvier 1873. C'est seulement parce que cette loi me paraît être mal et incomplètement appliquée que je veux dire un mot sur ce sujet qui, à mes yeux, a une grande importance.

Et d'abord, qu'est-ce que l'ivresse? — « On entend par ivresse l'état d'une personne qui, par l'excès de boissons alcooliques, a perdu tout sentiment raisonnable. L'ivresse est un vice hideux, immoral, et souvent une cause d'excitation aux passions populaires [1].

Ainsi considérée — et je crois qu'il est impossible de l'envisager autrement, — l'ivresse constitue un véritable danger public. Qu'est, en effet, l'homme qui a perdu tout sentiment raisonnable sinon un animal plus dangereux encore que les autres animaux, car ces derniers n'ont que des

---

[1] Cranney et Boucault — librairie Marescq.

instincts tandis que lui, dans son état d'abrutissement momentané, conserve ses passions, passions
terribles quelquefois, qu'il sera tenté d'assouvir.

Placez l'ivrogne dans la catégorie que vous
voudrez ; soutenez ou contestez qu'il est conscient
ou inconscient de ses actes ; considérez-le comme
une brute ou comme un aliéné, vous ne pourrez
pas nier le danger qu'il incarne. Or, il existe
depuis longtemps des lois qui protègent les
populations contre les individus dont l'état
d'aliénation mentale compromet l'ordre public ou
la sûreté des personnes ; contre la divagation des
fous ou furieux, ou des animaux malfaisants ou
féroces. (Loi du 30 juin 1838. Code Pénal art.
475, N° 7.)

Cependant, avant la loi du 23 janvier 1873,
l'état d'ivresse ne constituait pas un fait punis-
sable, bien que tout le monde fût d'accord pour
convenir qu'entre toutes les causes de la dépravation des mœurs privées et publiques, la plus
désastreuse était l'habitude de l'ivresse et surtout
de l'ivresse publique. On a bien essayé de dire
que le décret du 29 décembre 1851, sur les *débits
de boissons*, avait été rendu dans le but de

combattre les progrès de l'alcoolisme en restreignant la multitude excessivement croissante des établissement publics. Pour ma part, il m'est impossible d'accepter une telle interprétation quand je lis le préambule de ce décret : —

« Considérant, que la multiplicité toujours
» croissante des cafés, cabarets et débits de
» boissons est une cause de désordre et de
» démoralisation ; considérant que *dans la cam-*
» *pagne surtout, ces établissements sont devenus*
» *en grand nombre, des lieux de réunion et*
» *d'affiliation pour les sociétés secrètes et ont fa-*
» *vorisé d'une façon déplorable les progrès des*
» *mauvaises passions* ; considérant qu'il est du
» devoir du gouvernement de protéger par des
» mesures efficaces les mœurs publiques et la
» sûreté générale, décrète : ..... »

Est-ce là un instrument réellement destiné à combattre les progrès de l'alcoolisme ? — Non : c'est une mesure essentiellement politique, une arme liberticide qu'une longue expérience nous a appris à connaître et à juger.

L'ivresse qui n'est pas accompagnée de contravention, crime ou délit ne pouvait être réprimée en vertu d'aucune loi. Ainsi, l'homme ivre, étendu sur la voie publique, alors même que sa présence gênait la circulation, ne pouvait être considéré comme ayant commis la contravention d'embar-ras-de la voie publique, prévue et réprimée par l'article 471, numéro 4 du code pénal. (Cour de cassation, 18 août 1850.)

Certains préfets avaient bien pris des arrêtés au sujet de l'ivrognerie ; mais de quelle efficacité pouvaient être ces réglements isolés qui visaient une chose dont on ne s'occupait nullement dans d'autres départements, et qui, d'ailleurs, faisaient punir différemment un mal qui était partout le même. Ainsi, un tribunal de police [1] se fondant sur l'article 484 du code pénal, aux termes duquel, « dans toutes les matières qui n'ont pas
» été réglées par le présent code, et qui sont régies
» par des lois et réglements particuliers, les
» cours et tribunaux continueront de les obser-
» ver », condamnait le fait d'ivresse comme contravention de simple police, en vertu de l'édit de François 1er, du 15 août 1536 que nous trouve-

---

[1] Saint-Martin-de-Ré (Charente-Inférieure).

rons plus loin. Ce tribunal eut peu d'imitateurs.

Le 14 octobre 1861, le ministre de l'intérieur adressait à Messieurs les préfets la circulaire suivante :

» Monsieur le Préfet,

« Le Sénat, dans sa séance du 15 mars dernier, a prononcé le renvoi au ministre de l'intérieur d'une pétition ayant pour but de demander que le gouvernement prenne des mesures pour réprimer l'ivrognerie.

« Le temps ne me parait pas venu de provoquer une loi contre l'ivrognerie ; mais, à défaut de dispositions légales directement répressives de l'ivresse, le décret du 29 décembre 1851 sur les débits de boissons, me semble devoir fournir à l'administration le moyen de remédier à la plupart des abus qui ont été signalés, et je vous invite, à cet effet, à donner les instructions nécessaires pour que ce décret soit rigoureusement appliqué. Les débitants de boissons seront formellement et expressément avertis que, s'ils favorisent l'ivresse en poussant à la consommation des boissons, ou s'ils servent à boire à des individus déjà ivres, l'autorité n'hésitera pas à faire fermer leur établissement en vertu des dispositions de l'article 2 du décret précité.

« Quant aux individus dont l'ivresse se manifesterait au dehors par des actes de nature à troubler l'ordre ou inquiéter les citoyens dans leur sûreté personnelle, l'autorité locale peut également interdire à ces individus la libre circulation et le stationnement sur la voie publique, et même les faire arrêter et déposer en lieu sûr, tant qu'ils peuvent compromettre par leurs excès ou leurs sévices la sécurité des habitants.

« Je compte sur votre concours, Monsieur le Préfet, pour atteindre, autant que possible, et dans la limite des conditions que je viens d'indiquer, le but qui fait l'objet de la présente circulaire.

« Recevez, etc.   « F. DE PERSIGNY. »

Ces mesures étaient à la fois insuffisantes et trop élastiques. Insuffisantes en ce qu'elles ne pouvaient atteindre le but qu'elles se proposaient, trop élastiques en ce qu'elles fournissaient à certains fonctionnaires de nouveaux prétextes pour taquiner une catégorie spéciale de malheureux commerçants.

Je trouve encore, en 1862, l'étrange consultation que voici :

« L'ivrognerie est l'habitude de l'ivresse ;

Elle offense la religion, la morale et les lois.

« Les ivrognes ne posséderont pas le royaume de Dieu, » dit l'apôtre.

L'ivresse, autrefois qualifiée *crime*, plus tard *délit*, est, à notre sens, encore aujourd'hui, une *contravention*.

Saint Thomas distingue trois sortes d'ivresse.

La première, causée par la force du vin, inconnue à celui qui le boit et qui en est surpris ; dans ce cas l'ivresse peut être sans péché ;

La seconde, c'est lorsqu'on ne croit pas que la quantité de vin que l'on boit puisse enivrer ; dans ce cas l'ivresse peut n'être qu'un péché véniel ;

La troisième, c'est lorsqu'un individu, sachant bien qu'il boit trop, préfère courir le risque de s'enivrer que de cesser de boire ; dans ce cas il y a péché mortel, « et les péchés que l'on commet pendant qu'on est en cet état ne sont pas excusables devant Dieu, parce qu'ils sont volontaires dans leur cause. »

Il est une quatrième sorte d'ivresse plus hideuse, plus répréhensible encore ; c'est l'ivresse *préméditée*, celle obtenue par l'absorption violente de boissons alcooliques dans le but unique d'imposer silence à la raison, d'étouffer le cri de la conscience, et de suppléer le courage par une énergie factice pour l'accomplissement de mauvais desseins.

Les Grecs eurent toujours tant d'horreur pour l'ivrognerie que par les lois de Dracon, l'un de leurs premiers législateurs, elle était punie de mort sans distinction d'âge ni de qualité.

Cette rigueur avait pour motif que les ivrognes deviennent facilement séditieux.

De nos jours, le cabaret est encore l'école du désordre dont le promoteur le plus actif est l'ivresse.

A Athènes, les officiers de police avaient mission d'inspecter les festins, ils en étaient les modérateurs ; la raison des convives était surtout l'objet de leur sollicitude, d'où ils furent nommés mesures, pour exprimer en particulier cette fonction de leur charge.

Précédemment, les Lacédémoniens élisaient au scrutin ou chargeaient le sort de désigner un roi ou maître du repas, qui devait prévenir l'abus, et mettre un terme au désordre quand il venait à se produire.

Les Romains n'eurent d'abord aucun besoin de lois somptuaires ; leur pauvreté était une assez bonne école de frugalité et de tempérance, sans que l'autorité publique s'en mêlât. « *In romana « republica parcimoniam et frugalitatem primo « non leges, nec pœna continuerunt, sed erat cui- « que ad retinendos cos magistra paupertas.* » (*L. Julian sumptuar.*)

Ce ne fut qu'après la seconde guerre punique, au retour des conquêtes de la Grèce et de l'Asie que le besoin de réprimer l'excès des plaisirs de la table et l'abus du vin se fit sentir.

La première loi sur la matière fut provoquée par le tribun Orchius.

Mais l'impuissance du remède ne fit qu'accroître la gravité du mal, et après de louables efforts successivement faits par les consuls Fannius et Licinius Crassus, le tribun Didius, le dictateur Sylla, les empereurs Jules César, Auguste et Tibère, pour en arrêter les progrès, les habitudes d'intempérance ne cessèrent point de gagner du terrain, et s'imposèrent définitivement sous les règnes licencieux de Caligula, de Claude et de Néron.

Le législateur se voila la face. Comme toutes les lois édictées contre l'ivrognerie avaient été d'une exécution difficile, on cessa d'en faire.

La police des Romains passa tout entière dans les Gaules conquises, qui la transmirent aux Francs. « *Omnes civitates debent sequi consue* « *tudinem urbis Romæ, cum sit caput orbis ter-* « *rarum.* » *(L. salic, tit. 45, art. 1)*.

Pharamond, Mérovée, Clovis, après eux Char - lemagne, reprirent l'œuvre des maîtres en s'ef-forçant de mettre son action en rapport avec l'in-fini de ses horizons, d'effacer de ses sublimités la tache de ses défaillances.

Les habitudes d'intempérance, de rapine et de violence furent tout d'abord l'objet de leur at-tention.

L'édit de 802 porte :

« Il est fait défense à toutes personnes de s'e- « nivrer, de ravir le bien d'autrui, de voler, blas-

« phémer, et d'avoir des querelles et des diffé-
« rends, soit dans les repas ou ailleurs ; tous
« nos sujets vivront ensemble dans une paix et
« une charité parfaites. » *(Cap. reg, Fr. tom, 1,
col. 373)*.

Ainsi, Charlemagne ne craint point d'assimiler
l'ébriété aux fautes les plus graves, de la placer
même en première ligne, parce qu'elle peut les
engendrer toutes ; il oppose son influence funeste
et les mauvais instincts qu'elle éveille, à cet esprit de bienveillance réciproque et de mutuelle
protection, qui est la base essentielle de toute
société.

Nous trouvons encore dans cinq autres ordonnances des années 802, 803, 810, 812 et 813,
dues aux sages inspirations du même prince, les
prescriptions suivantes :

« Les ivrognes d'habitude sont indignes d'être
ouïs en justice dans leur propre cause, et incapa-
bles d'y rendre témoignage pour leur prochain ; »

« Il est enjoint aux anciens d'être circonspects,
à ne pas se laisser surprendre par l'excès du
vin ; ils devront enseigner par leur exemple aux
jeunes gens à garder la sobriété ; »

« Il est défendu de s'exciter les uns les autres à boire avec excès jusqu'à s'enivrer, à peine d'être condamné à ne boire que de l'eau, et d'être séparé de toute société pendant un certain temps ; »

« Une punition corporelle sera en outre infligée à ceux qui s'abandonnent à l'ivrognerie ; »

« L'ivresse cause au corps et à l'esprit toutes sortes de désordres, et est la source fatale de tous les autres vices ; comme la courte folie dans laquelle elle fait tomber est purement volontaire, elle ne peut servir d'excuse aux crimes qu'elle fait commettre ; les coupables en doivent être punis selon toute la vérité des lois. » *(Cap, reg. Fr, Baluz, t. 1, col.* 373, 393, 473, 495, 855, 1084 *et suiv.* 1163).

Deux siècles plus tard, saint Louis prit des précautions non moins exactes contre l'ivrognerie ; la loi de 1254 dispose :

« Défense est faite de recevoir aucune personne dans les cabarets pour y boire, sinon les passants, les voyageurs ou ceux qui n'ont aucune demeure dans le lieu même où est situé le cabaret. » *Fontan. Conf. des Ordon. t.* 3, *l.* 12, *t* 16, *art.* 1, *p* 737).

Enfin, l'édit général de François 1er, du mois d'août 1536, statue en ces termes :

« Informé des désordres que cause l'ivrognerie, voulant y mettre un terme et faire cesser les autres inconvénients qui arrivent de l'ébriété, nous ordonnons que quiconque sera trouvé ivre soit incontinent constitué et retenu prisonnier au pain et à l'eau, pour la première fois ; que la seconde, outre cette peine, il soit battu de verges ou de fouets dans la prison ; que s'il récidive une troisième fois, il soit fustigé publiquement ; que s'il est incorrigible, il soit puni d'amputation d'oreilles, d'infamie et de bannissement, avec injonction très-expresse aux juges, chacun en son territoire, d'y veiller diligemment ; et qu'enfin s'il arrive que par ébriété ou chaleur de vin les ivrognes commettent quelque faute ou quelque crime, l'ivresse ne pourra leur servir d'excuse, qu'au contraire ils seront punis de la peine due au délit qu'ils auront commis, et encore punis par une autre peine, à l'arbitrage du juge, pour s'être enivrés. » (*Conf. des Ordon. t. 2, l. 9, tit, 7, c. 5, p. 822*).

Sous Charles IX, Henri III et Louis XIII,

— 162 —

quelques ordonnances eurent trait encore à la police des repas, et réglementèrent l'usage des boissons fermentées ; mais alors moins dans l'intérêt de la sûreté publique proprement dite que dans un but économique et politique, en vue de refréner la passion du luxe et de combattre le goût des superfluités.

L'édit d'août 1536 demeure donc la dernière de nos lois répressives de l'ivrognerie et des faits d'ivresse publique.

L'ancienne législation est-elle abrogée *expressément* ou *tacitement ?*

Est-elle tombée en *désuétude ?*

En l'absence de dispositions nouvelles et générales sur la matière, la société est-elle aujourd'hui complètement désarmée, livrée sans moyens légaux de défense aux pollutions dissolvantes d'instincts réprouvés à toutes les époques, chez tous les peuples, par toutes les lois divines et humaines ?

Nous ne le pensons pas.

L'abrogation d'une disposition législative est *expresse* lorsque la nouvelle loi déclare la précédente annulée ; *tacite*, lorsque la nouvelle loi est contraire au texte de la loi précédente et se trouve inconciliable avec elle.

La *désuétude* est une sorte d'abrogation tacite ; elle résulte d'un usage contraire à la loi pratiqué par la généralité des citoyens ; quand cet usage constant, uniforme, date d'une époque reculée et n'a jamais été contesté par le législateur. (*Arr. de cass. 22 messidor, an IX, 18 fév. 1818.*)

Pour prévaloir contre la loi, l'usage doit être conforme à la raison et avoir été au moins implicitement consacré par le législateur. (*Loi 2, liv. 8, lit. 53, au Code quæ sit longa consuetudo*).

La *dérogation* n'est qu'une modification, qu'un retranchement partiel de la loi.

Ces principes posés, ouvrons le Code pénal.

L'article 484 porte :

Dans toutes les matières qui n'ont pas été réglées par le présent Code, et qui sont régies par des lois et règlements particuliers, les cours et les tribunaux continueront de les observer.

« Cette disposition était d'absolue nécessité, disait au Corps législatif l'orateur du Gouvernement qui lui en présenta les motifs ; elle maintient les dispositions pénales sans lesquelles quelques lois, des codes entiers, des règlements généraux d'une utilité reconnue resteraient sans exécution. »

Le législateur s'inspirait alors de la loi du 22 juillet 1791 qui confirma les règlements de police non abrogés par les lois nouvelles, et autorisa les corps municipaux à publier de nouveau les lois et règlements de police, ou à rappeler les citoyens à leur observation.

Un avis du conseil d'Etat, du 18 février 1812, a décidé qu'on ne peut pas regarder comme réglées par le Code pénal de 1818, dans le sens attaché à ce mot *réglées* par l'article 484, les matières relativement auxquelles ce Code ne renferme que quelques dispositions éparses, détachées et ne formant pas un système complet de législation.

Ainsi, loin *d'abroger* les anciens règlements de police, la loi nouvelle en consacre l'existence ; muette sur la répression de l'ivrognerie, elle s'en réfère de la manière la plus formelle à la législation antérieure, partout où celle-ci n'a point été modifiée ou remplacée par des arrêtés préfectoraux ou municipaux sur la même matière. (*Arr. de cass.* 11 *juin* 1818.)

L'arrêt de la cour de cassation du 20 février 1829 et une jurisprudence constante d'accord avec le conseil d'Etat, établissent que le Code pénal n'a abrogé que les anciennes lois pénales sur lesquelles il contient un système *complet* de législation, et non pas celles à l'égard desquelles il ne renferme que des dispositions particulières.

La *désuétude* ne saurait être plus sérieusement opposée aux édits rapportés plus haut.

L'usage *contraire* sur lequel elle prétendrait se fonder, antisocial, incompatible avec la raison, est, comme on vient de le voir, formellement contesté par le législateur.

Mais le Code pénal n'ayant entendu maintenir dans les anciens règlements qu'il a laissés subsister que les dispositions qui ne se trouvent point en contradiction avec les principes nouveaux du droit public, ni avec les règles générales de notre législation criminelle, l'article 484 implique à leur égard une *dérogation* en ce qui touche la peine à appliquer.

Quelles que soient les peines édictées par les anciens règlements, le juge ne peut prononcer contre les infracteurs que les peines portées par le Code pénal.

Aux termes de l'article 471 du Code pénal :

« Seront punis d'une amende depuis un franc jusqu'à 5 francs inclusivement, § 15, ceux qui auront contrevenu aux règlements légalement faits par l'autorité administrative, etc. »

Les anciens règlements de police généraux et non abrogés, étant, sans contredit, des règlements légalement faits par l'autorité administrative, trouveraient aujourd'hui leur sanction pénale dans cette disposition de la loi nouvelle. (*Arr. de cass.* 3 *mars* 1832, 16 *juin* 1834.)

L'infraction que les lois punissent des peines de police est une *contravention*. (*Code pénal, art.* 1er.)

Sont considérés comme contravention de simple police les faits qui, d'après les dispositions du quatrième livre du Code pénal, peuvent donner lieu à quinze francs d'amende et au-dessous, soit à cinq jours d'emprisonnement et au-dessous. (*Code d'instr. crim., art.* 137). La connaissance des contraventions est attribuée aux tribunaux de simple police (*art.* 138).

Des articles 484 et 471 du Code pénal, 137 et 138 du Code d'instruction criminelle, combinés avec les anciens règlements et notamment avec l'édit *général* d'août 1536, il résulterait donc que *l'ivresse* demeure une *contravention,* et que les tribunaux de simple police pourraient, par une autre raison encore que celle donnée par la loi des Douze tables : « *Salus populi suprema lex esto,* » connaître des *faits publics* d'ivrognerie, dans une mesure proportionnée aux besoins de notre société et compatible avec les mœurs de notre époque.

Il est à remarquer que l'infraction à la loi qualifiée *contravention* est essentiellement matérielle et de toute volonté malveillante.

L'action de chercher à faire enivrer autrui est certainement plus odieuse encore que celle de s'enivrer soi-même ; ceux qui la commettent doivent compte des suites de l'ivresse si elle a lieu. Il y a là plus qu'une contravention, il y a un *délit. (Code pén. art.* 319, 320).

L'individu qui en fait boire un autre dans le seul but de l'enivrer et pour se procurer l'étrange plaisir de lui voir faire des folies, qui sont trop souvent la conséquence de l'ivresse, est *civilement* responsable des actes auxquels l'individu enivré a pu se livrer. *(Code Nap. art.* 1382, 1383).

En matière correctionnelle ou criminelle, la raison alléguée par un individu pour justifier le fait qui lui est reproché, ou pour l'atténuer et modifier la pénalité, s'appelle *excuse*.

Dans le premier cas l'excuse est *péremptoire*, et aucune peine ne peut être prononcée. Dans le second, l'excuse est simplement *atténuante*, et a pour effet de mitiger la peine applicable au fait incriminé.

Il est de droit nouveau comme de droit ancien que l'égarement causé par l'ébriété n'enlève point aux faits accomplis sous son influence le caractère de criminalité qui leur est propre.

Nous croyons donc pouvoir dire avec l'édit de 1536 « que s'il arrive que par chaleur de vin les ivrognes commettent quelque faute ou quelque crime, l'ivresse ne pourra leur servir *d'excuse*, qu'au contraire ils seront punis de la peine due aux délits qu'ils auront commis, *et encore par une autre peine,* » aujourd'hui, ainsi que nous l'avons vu, la peine édictée par l'article 471 du Code pénal ; en attendant qu'une loi spéciale et une répression plus sérieuse cautérisent enfin la plaie de l'ivrognerie.

L'ivresse, péché mortel que saint Thomas déclare une circonstance aggravante des fautes au tribunal de Dieu, ne saurait être un fait innocent et *à fortiori* une excuse devant la justice des hommes. »

« ÉMILE DURAND DE VALLEY, »
« Commissaire de police de la ville de Paris. »

Vraiment, si j'avais exercé mes fonctions à l'époque où cette consultation fut donnée, elle n'aurait pas réussi à me convaincre ni à dissiper mes scrupules. Quand on en est ainsi réduit à faire de la casuistique et à combler les lacunes du code à l'aide de la doctrine des Pères de l'Eglise, je crois qu'il est plus simple et plus sage de s'abstenir et d'attendre que la législation soit complétée.

Nous en étions donc réduits à aller décrocher après de longs siècles d'abandon, de vieilles armes ridicules, ébréchées et hors d'usage, ou bien à rester impassibles et désarmés en face d'un mal certainement répréhensible.

Il est vrai que certains esprits ont soutenu que l'on ne pouvait punir l'ivresse parce que « l'ivresse n'est pas un délit mais simplement un état inconvenant, fâcheux, où l'homme se rapproche de la brute ; ce n'est qu'un mauvais usage qu'il fait de sa liberté, comme on en voit bien d'autres, et ce mauvais usage n'est pas dans les choses qu'on peut règlementer et punir par des dispositions législatives, parce que cet attentat causé à sa liberté, quelque blâmable qu'il soit, ne relève que de sa conscience. »

Cette théorie d'apparence séduisante ne résiste pas à un raisonnement sérieux, et, pour ma part, j'approuve pleinement le langage que M. de Ladoucette tenait à la tribune du Sénat le 13 mars 1861 : — « Si l'ivrogne seul était victime de son vice, je le plaindrais, mais j'en prendrais mon parti. Malheureusement ce n'est pas lui seul qui en souffre, mais c'est la société, ce sont tous les témoins du scandale qui en résulte, et c'est surtout la famille, la femme, les enfants qui meurent peut-être de faim sur un grabat,

pendant que l'ouvrier va dépenser en un jour
tout le gain de la semaine.

« Cet intérêt doit nous préoccuper ; c'est sur
cet intérêt que la société et le gouvernement
doivent veiller. Ce n'est pas la première fois que
la société intervient dans des questions de ce
genre, dans des questions d'intérieur, en quelque sorte et de famille. Je puis en citer plusieurs
exemples. Ainsi, lorsque des sévices graves sont
exercés par des parents, l'autorité judiciaire intervient et le tribunal condamne s'il y a lieu. De
même encore il y a une loi sur le travail des enfants dans les manufactures, qui a pour but d'empêcher que les parents n'abusent avant l'âge des
forces de leurs enfants. »

« Et encore ici, remarquez-le, les parents
pourraient, pour s'excuser, invoquer des raisons
plausibles ; ils pourraient dire que s'ils font travailler leurs enfants trop tôt, c'est qu'ils ont besoin de nourrir leur famille, et qu'il est juste que
les enfants ajoutent leur petite part au gain commun. Mais, qui est-ce qui profite de la dépense
faite au cabaret ? Personne, si ce n'est le cabare-
tier, et cet intérêt, pour ma part, je m'en pré-

occupe peu. Mais la famille, mais la société, tout le monde y perd, celui-même qui se livre à la boisson. Je crois donc que des mesures doivent être prises pour remédier à ce désordre. »

Ces mesures ont été prises, en effet, et constituent l'ensemble de la loi du 23 janvier 1873.

Pour bien comprendre l'importance et la nécessité de cette loi, il est bon de relire la discussion qui en a précédé l'adoption par l'assemblée nationale. Je vais reproduire cette discussion en citant les passages les plus saillants des discours prononcés.

ASSEMBLÉE NATIONALE

Séance du 23 janvier 1873

M. JOURNAULT. Messieurs, je viens vous demander de vouloir bien confirmer par un nouveau vote les décisions que vous avez déjà prises relativement aux mesures qui vous sont proposées contre l'ivresse. J'estime qu'en confirmant ces décisions vous ferez une œuvre juste, utile, nécessaire.

Dans la discussion qui a eu lieu, on vous a,

sous une forme éminemment spirituelle qui vous a charmés, présenté l'ivresse comme étant en décroissance ; on vous a dit que l'ivresse n'était plus aujourd'hui ce vice à la mode et de bon ton qu'on aimait à afficher, qu'il se cachait, et que cette sorte de pudeur était un symptôme du progrès des mœurs.

C'est là une assertion en contradiction avec la réalité. La réalité, messieurs, je vais vous la dire en vous rappelant les paroles prononcées hier sur le même sujet par notre honorable collègue M. Cordier, lorsqu'il a indiqué les progrès de l'alcoolisme dans son département. Voici des indications sur ces progrès.

En 1828, la consommation de l'alcool était de 350,000 hectolitres ;

En 1850, de 585,000 hectolitres ;

En 1869, de 978,000 hectolitres.

M. WARNIER, (Marne). L'industrie emploie l'alcool.

M. JOURNAULT. En 1850, les neuf dixièmes de l'alcool fabriqué en France provenaient de la distillation des produits de la vigne.

En 1859, ces produits ne fournissent plus que

trois dixièmes. Le surplus provient de la distillation de la betterave, de la mélasse et des grains.
De là une baisse considérable des produits de
l'alcool. L'hectolitre qui valait 200 francs en 1850
ne vaut plus aujourd'hui que 50 francs. Et par
cela même qu'il y a diminution dans le prix, il
y a progression dans la consommation et dans
le nombre des débits. Aujourd'hui on compte un
débit pour une population de 102 habitants.

Ces détails, je les prends dans un rapport qui
est connu probablement de la plupart d'entre
vous, messieurs, car il a été inséré dans le *Journal
officiel*. C'est un rapport qui a été présenté, le
18 Mars 1872, à l'Académie des sciences, par
M. Barth, président de l'Académie de médecine ;
et voulez-vous savoir quelles sont les conséquences désastreuses des faits que je viens de
mettre sous vos yeux ? Voici comment ces conséquences sont appréciées dans ce même rapport,
et je vous demande, messieurs, la permission
d'appeler sur cette question très-importante toute
votre attention :

» Les conséquences de l'augmentation de la
consommation de l'alcool ont été désastreuses. De

1849 à 1869, le chiffre annuel des morts accidentelles par suite d'excès alcooliques s'est élevé de
331 à 587 ; celui des suicides dus à la même
cause s'est accru de 240 à 664. Les crimes contre
les personnes, commis sous l'influence de l'ivresse,
ont augmenté dans la même proportion.

» L'abus des boissons alcooliques engendre un
grand nombre de maladies : mais, de plus, il im-
prime aux opérations chirurgicales et aux maladies internes, même les plus légères, un caractère
de gravité exceptionnel. Cette influence désastreuse se traduit par des résultats de plus en
plus inquiétants.

» Enfin, l'accroissement du nombre de cas de
folie de cause acoolique a constamment suivi,
depuis vingt ans, l'augmentation de la consommation des spiritueux, notamment dans les départements qui consomment surtout des alcools de
grains et de betterave. Dans la plupart de ces départements le nombre des cas de folie alcoolique
a quintuplé depuis vingt ans et a atteint la proportion effrayante de 25 à 40 pour cent. »

Eh bien! appuyés sur ces documents, et en
présence de ces conséquences funestes, nous

pouvons affirmer qu'il n'y a pas décroissance ;
ce n'est pas là un vice qui diminue, ce n'est pas
là un ennemi qui recule ; c'est un ennemi qui
avance et contre lequel il faut nous défendre.

On nous dit que le progrès des mœurs, suffira
pour cette tâche. Le moraliste a, en effet, beaucoup à faire ici : son œuvre est toute tracée, et
je demande qu'il intervienne dans la question,
qu'on multiplie les sociétés contre l'abus des
boissons alcooliques, qu'on multiplie les livres
et les conférences.

Mais, à côté de l'œuvre du moraliste, il y a
l'œuvre du législateur, et j'estime que si nous
ne remplissions pas cette tâche nous déserterions
notre devoir.

Ce n'est par la première fois que des lois sont
faites sur cette matière, nous n'innovons rien en
faisant cette loi. Plusieurs lois qui ont été édictées
dans les pays environnants sont même plus sévères que la loi qui vous est proposée. Ainsi le sta-
tut dannois du 14 août 1813 décrète qu'à la troisième et à la quatrième récidive, le droit de vote et
la qualité d'éligible seront supprimés. La cinquiè-
me récidive entraîne une condamnation à six mois

de travaux forcés ; en cas de nouvelle récidive, la peine peut aller jusqu'à un an d'emprisonnement. Votre loi, comme vous le voyez, n'est pas aussi sévère ; je crois que sur certains points elle aurait pu même renfermer des dispositions qui auraient produit un salutaire effet.

Par exemple, l'interdiction de certains droits de famille aurait pu y prendre place ; ce n'est pas sans regret que je vois qu'un homme, puni pour délit habituel d'ivrognerie, puisse encore être tuteur et prendre sa place dans un conseil de famille : celui qui ne sait pas se gouverner lui-même ne peut être considéré que comme un gouverneur dangereux pour les enfants qui sont placés sous sa direction. Mais enfin la loi qui nous est présentée me semble telle que nous puissions la voter dans les termes où elle nous est soumise.

Il ne faut pas dans une loi pareille s'attacher trop exclusivement à adoucir les pénalités ; une certaine sévérité dans la loi est nécessaire, alors que nous nous trouvons, comme c'est ma conviction, en face d'un mal menaçant, j'oserai presque dire d'un péril national.

On s'est préoccupé aussi de cette question : Une loi pareille peut-elle être appliquée sans complément en dehors de nos mœurs et de nos habitudes ?

Je vous demande la permission de vous citer ici ma propre et très-modeste expérience. Usant du droit de police que la loi confère aux municipalités, j'ai pris l'initiative de certaines mesures contre l'ivrognerie. Je n'ose pas dire qu'au point de vue de la diminution des délits il y ait eu quelques résultats très-appréciables. Mon expérience était faite dans de trop petites proportions et sur une trop petite échelle ; mais ce que je puis dire — et c'est là un point important selon moi, — c'est qu'il n'y a jamais eu, devant le tribunal de simple police, de réclamations ni plaintes de la part de ceux qui ont été cités et condamnés. Tous, ils ont reconnu qu'ils étaient coupables et qu'ils méritaient la peine qui leur était appliquée.

En résumé, messieurs, la loi qui vous est présentée est une loi juste, nécessaire ; c'est une loi morale et d'une application facile ; c'est une loi que l'Assemblée pourra s'honorer d'avoir votée.

M. Alfred Naquet. Messieurs, les vices dans

la société reconnaissent certainement des causes et obéissent à des lois. Dernièrement, on m'a fait dire à cette tribune que je considérais le vice et la vertu comme des phénomènes absolument semblables aux maladies et aux défauts d'organisation physique. et, dans une certaine mesure, l'Assemblée en a paru impressionnée. On aurait eu raison sans doute si, en exprimant ces idées j'avais prétendu dire que la répulsion que j'éprouve pour le vice, pour le mal moral, n'est pas plus forte que la répulsion que j'éprouve pour les maladies, pour les défauts d'organisation, pour le mal physique.

L'homme, messieurs, éprouve certaines attractions et certaines répulsions qui lui sont naturelles et en dehors desquelles il n'y aurait pas de société.

L'homme est attiré par tout ce qui le rapproche du type humain le plus parfait; le plus propre à la conservation de l'existence sociale. Il est, au contraire, repoussé par tout ce qui l'éloigne de ce type. Or, comme ce qu'il y a de plus élevé en nous, comme ce qui nous distingue au plus haut degré des animaux inférieurs, c'est l'intelligence, c'est la moralité, il est évident que les vices d'organisation morale, que les crimes nous font éprouver une horreur beaucoup plus vive que celle que nous font éprouver les défauts d'organisation physique. Tout ce que j'ai voulu dire à cet égard, c'est que les phénomènes moraux comme les phénomènes physiques obéissent à des lois naturelles; c'est que les vices, les crimes résultent de certaines causes et que, si on veut les combattre efficacement, c'est à ces causes mêmes qu'il faut s'attaquer.

Quelles sont les causes de l'ivresse? Il y en a d'ordre moral et d'ordre matériel; parmi les premières, les unes, je vous l'ai déjà dit dans mon premier discours sur ce sujet, tiennent au climat. Sur celles-là, nous ne pouvons rien; d'autres résident dans l'alimentation, et sur celles-ci, je l'espère, la société pourra beaucoup.

Je ne voudrais pas faire ici de la médecine; mais depuis quelque temps, on a si souvent transformé l'assemblée en un concile que je ne vois pas pourquoi je ne la transformerais pas un instant en académie des sciences.

La physiologie démontre que tous les mouvements qui se produisent chez les êtres organisés, mouvements physiques, mouvements intellectuels..... Oui, messieurs, les mouvements physiques et intellectuels, les mouvements cérébraux ont pour cause une dépense de forces, une consommation de chaleur, une combustion.

Je ne cherche pas à déterminer si ces phénomènes ont une cause en dehors de l'organisation ou s'ils n'en ont pas.

Mais vous-mêmes, messieurs, qui admettez ces causes en dehors de l'organisation, vous reconnaissez aussi qu'il y a des organes, que le fonctionnement de ces organes est essentiel. Or, la science physiologique a démontré d'une manière définitive que le travail de la pensée est accompagné d'une consommation de chaleur, absolument comme le travail musculaire.

Eh bien! messieurs, s'il est vrai que tous les travaux s'accompagnent d'une dépense de calorique, calorique qu'il faut prendre quelque part, il est évident que ceux qui travaillent beaucoup, soit de leurs muscles, soit de leur intelligence, sont obligés de dépenser plus de chaleur que les autres ; qu'il leur faut, permettez-moi de me servir d'un terme vulgaire, alimenter la chaudière avec des aliments.

Parmi les aliments, il en est de deux sortes. Les uns qui sont essentiellement nutritifs, réparateurs de l'organisme. En même temps qu'ils nous procurent les forces nécessaires, par leur combustion, ils nous procurent les matériaux de reconstitution de nos organes. C'est ce qu'on appelle en physiologie des aliments plastiques. Les autres servent uniquement, par leur combustion, à produire de la chaleur et ne reconstituent pas les organes.

L'alcool est du nombre de ces derniers.

Il est incontestable que ces deux classes d'aliments doivent intervenir dans notre alimentation, dans une proportion déterminée ; mais il est incontestable aussi que, lorsque les aliments plastiques n'entrent pas pour une quantité suffisante dans notre nourriture, l'homme est tout naturellement porté à y substituer des aliments calorifiants, qui donnent une force momentanée, une force factice, mais qui, en réalité, finissent par détruire l'organisme. C'est ce qui vous explique, messieurs, pourquoi l'ivresse est plus fréquente chez les hommes misérables, pourquoi l'ouvrier qui n'a pas une quantité suffisante de substances azotées à manger, qui n'a pas de vin généreux à boire à ses repas, est obligé, s'il veut pouvoir fournir sa tâche, de boire en dehors de ses repas, et pourquoi la conséquence de cette fatalité est d'entraîner chez lui, à la longue, des habitudes désastreuses qui le dégradent et le tuent.

Maintenant, messieurs, à côté de cette cause matérielle, que je viens de déterminer, l'ivresse en a une autre : elle a une cause morale.

Il y en a encore d'autres, mais je vous signale les principales : l'une est la cause matérielle que je viens de déterminer, la misère ; l'autre est une cause morale dont je parlerai plus tard à cette tribune, lorsque viendra la discussion de la loi sur l'instruction primaire : l'ignorance.

Il est certain que les hommes qui n'ont pas développé leur intelligence, qui s'écartent par cela même peu de la brute, qui n'éprouvent pas l'horreur de la déchéance à laquelle ils s'exposent en s'enivrant, comme nous l'éprouvons, nous, hommes instruits, il est certain que ces hommes s'adonnent plus facilement à ce funeste vice de l'ivrognerie.

Voilà pourquoi, sans vouloir combattre d'une manière absolue une loi répressive qui agirait sur les hommes tout à fait vicieux, que des moyens plus naturels, plus logiques, plus énergiques, ne pourraient arrêter ; voilà pourquoi, dis-je, dans l'état actuel, je crois que nous avons mieux à faire que d'édicter des pénalités contre les personnes que l'on rencontre en état d'ivresse. Je crois que ce qu'il y a à faire, c'est d'étudier d'une manière sérieuse et profonde les besoins des classes ouvrières, c'est de chercher quels sont les moyens de rendre la misère moins grande, et, au premier rang, parmi ces moyens, je vous le dirai prochainement, je place l'universalisation de l'instruction publique.

En ce qui me concerne, et en me ralliant au contre-projet excellent proposé par M. Testelin, et qui consiste à vous demander un crédit pour étudier les lois qui existent aux Etats-Unis et en Angleterre, et pour étudier surtout l'organisation de ces hôpitaux d'ivrognes qui ont réussi jusqu'ici à combattre le mal bien plus profondément que n'ont pu le faire des lois répressives, je voterai contre l'article 1er du projet de loi en discussion.

M. LABOULAYE. Messieurs, je viens, au nom de la commission, répondre aux arguments de l'honorable M. Naquet. Vous me permettrez de ne pas faire de physiologie, mais simplement de me rappeler que je suis dans une Assemblée législative, et que, dans cette Assemblée, ce dont on s'occupe, c'est du droit, c'est-à-dire du règlement de la liberté humaine.

Ces mots de droit et de liberté humaine sont précisément ceux qui n'ont pas paru dans le discours de l'honorable M. Naquet.

On nous dit que l'homme est entraîné, par une fatalité organique, à boire de l'alcool.

Je ne nie pas que la misère, qui est mauvaise conseillère, ne puisse être une des causes déterminantes de l'ivrognerie. Mais, sans prétendre affecter une science que je ne possède pas, il me sera permis de dire à M. Naquet que, aux Etats-Unis, il y a des navires, qui sont les plus recherchés pour les transports maritimes, et où la première condition pour les matelots est de s'engager à ne boire que de l'eau. On les nourrit largement avec des aliments plastiques. Par conséquent l'ivresse ne fait pas une des conditions permanentes de la vigueur des matelots.

L'honorable M. Naquet nous dit que l'éducation est un des grands moyens d'arrêter l'ivrognerie. Je suis entièrement de son avis. Il nous dit que la misère est une des causes de l'ivrognerie, qu'il faut combattre la misère. Je suis de son avis. Mais il n'aperçoit pas qu'il érige deux causes en système. Toutes les fois qu'on qu'on attaque un vice social, le jeu, la débauche, l'ivrognerie, il est évident qu'il n'y a pas un moyen unique, une panacée pour se débarrasser de ce vice. La religion dit : Je modérerai l'homme, je lui apprendrai la sagesse! Elle a raison. L'éducation dit : Je lui donnerai des goût plus élevés! Elle a raison. Les économistes disent : Nous organiserons des associations de tempérance! Ils ont raison. L'hygiène dit : Il faut donner de m illeurs c'iments, donner du bon vin, supprimer les octrois. Elle a raison. Mais la loi vient à son tour et dit : Je mettrai mon poids dans la balance, et je saurai bien imposer ma volonté. Elle a raison.

Ceci ne veut pas dire, messieurs, que nous croyons que, quand nous aurons fait notre loi, nous aurons supprimé l'ivresse, non ! nous aurons probablement retenu un grand nombre de jeunes gens qui s'engagent dans une voie mauvaise ; mais ce que nous aurons fait, c'est notre devoir de législateurs, devoir limité, devoir défini, appelant à notre secours et la religion et l'éducation et l'hygiène et l'économie politique.

Or, messieurs, il est nécessaire de faire quelque chose. Et ce qui m'a frappé le plus, c'est que dans notre situation politique, une loi sur l'ivrognerie, de même qu'une loi sur l'éducation, a un caractère tout particulier, un caractère politique.

Nous vivons sous l'empire du suffrage universel. Jusqu'à présent aucune société n'a vécu dans une pareille situation ; presque toujours ce sont les propriétaires, ce sont les riches qui ont gardé le pouvoir public dans leurs mains. Aujourd'hui, la majorité est composée de gens qui ne possèdent pas, de gens qui portent le poids du jour, de gens qui sont exposés à toutes les tentations de la misère. Nous sommes obligés, si nous ne voulons pas périr par le suffrage universel, de développer l'éducation, de développer la moralité.

Voilà ce qui fait de l'éducation, ce qui fait d'une loi contre le jeu, d'une loi contre la débauche, d'une loi contre l'ivrognerie, de véritables institutions politiques.

Il faut que la moralité rentre dans ce pays; nous y travaillerons dans la mesure du possible sans nous faire illusion sur ce que nous pouvons obtenir, c'est-à-dire en législateurs et dans la mesure de la puissance législative.

Je viens maintenant a l'amendement que propose Testelin et que M. Naquet a défendu.

Cet amendement propose de remplacer toute la loi en discussion par les dispositions suivantes :

« Il est ouvert au ministère de l'intérieur un crédit de deux cent mille francs.

« Ce crédit sera consacré : 1º à favoriser la création et la propagation de sociétés ayant pour but de combattre l'abus des boissons alcooliques ; 2º à subvenir aux frais d'études des lois et réglements répressifs existant contre l'ivresse en Amérique, en Angleterre et en Suède. Cette étude comprendra aussi celle des asiles ou hôpitaux destinés à la guérison des ivrognes et connus sous le nom d'*inebriate asylum*. »

Je n'attaque pas le fond de cet amendement, mais je dis qu'il est inutile de dépenser 200,000 francs, d'inscrire cette somme au budget pour savoir ce qui se fait à l'étranger. Vous avez tous lu le rapport si remarquable de notre collègue M. Roussel, qui a réuni les documents les plus curieux de la législation sur l'ivrognerie. Vous trouverez une foule de bons ouvrages, celui du docteur Bergeret, celui du docteur Fouille, qui ont fait connaître tout ce qui s'est fait par les associations contre l'ivrognerie aussi bien que l'établissement des hôpitaux d'ivrognes, sur lesquels je demanderai la permission de dire deux mots.

On s'est aperçu que l'ivrognerie qui, au début est un vice, finit par devenir une maladie. C'est ainsi qu'on a tranché une question qui partageait depuis longtemps les jurisconsultes : si l'ivresse aggravait un crime ou si, au contraire, elle l'excusait.

Il est évident que, quand un homme, pour se donner le courage de commettre une mauvaise

action, boit de l'alcool, l'ivresse est une circonstance aggravante ; mais il est certain aussi qu'arrivé à un degré de maladie, l'estomac devient
souffrant, et qu'il suffit d'une quantité d'alcool
excessivement petite pour jeter l'homme dans
l'ivresse. Il est évident que, dans ce cas, on a
affaire à une maladie. Eh bien ! les Américains
ont établi des hôpitaux ; mais ces hôpitaux qu'on
nous prie d'étudier ne peuvent exister qu'à la
condition d'avoir une loi comme la nôtre ; car si
on allait demain dire à un ivrogne de vouloir
bien se rendre à l'hôpital, où l'on ne boit que
de l'eau, assurément il n'irait pas volontiers. Il
faut donc une loi qui le condamne, et qui lui fasse
faire sa prison à l'hôpital. Par conséquent, la
première condition, avant d'étudier ces hôpitaux
d'ivrognes, c'est d'abord de voter notre loi.

Telle est, messieurs, la raison qui fait que la
commission refuse d'adopter l'amendement. Non
pas qu'elle ne trouve les associations contre l'i-
vrognerie excellentes, et que les hôpitaux d'i-
vrognes ne soient dignes d'être étudiés davantage ;
mais elle croit qu'il est inutile de grever de
200,000 francs le budget dans les circonstances

présentes, quand on peut, d'ailleurs, étudier dans des livres français ce qui se fait dans l'Amérique.

Voilà pourquoi, messieurs, nous vous prions de voter notre loi et de ne pas adopter l'amendement.

M. Edouard Millaud. Dans la commission dont j'ai l'honneur de faire partie, nous avons été unanimes à reconnaître que l'ivresse, l'ivrognerie, l'alcoolisme sont des plaies sociales et qu'il est indispensable de les guérir. On peut différer sur les causes de la maladie et sur les moyens de la combattre, mais tout le monde doit être d'accord pour constater qu'il y a là un grand mal et qu'il faut sans retard y porter remède.

M. Dezanneau. Messieurs, je crois que nous reconnaissons tous la nécessité de moraliser le pays, si nous voulons le voir tenir le rang qui lui appartient. Cette œuvre considérable n'est sans doute pas aussi difficile qu'on pourrait le penser, si ceux qui gouvernent veulent développer dans la nation ce sentiment du devoir.

La loi qui nous occupe en ce moment doit contribuer puissamment à nous faire atteindre le but que nous nous proposons.

Mais une chose vous aura frappés comme moi ; c'est qu'on ne fait rien pour l'empêcher. Depuis assez longtemps, vous aurez remarqué qu'on autorise, sans motifs avouables, une foule de cabarets, on les autorise dans les endroits les plus reculés, là où ils ne peuvent vivre que des excès même des gens de la localité, et où presque toute surveillance est impossible.

Je propose deux articles additionnels ainsi conçus :

« Art. 1er. — Aucun débit de boissons ne pourra être autorisé sans l'avis d'un comité local, composé du maire, du plus âgé des membres du bureau de bienfaisance de la commune, du juge de paix, du conseiller d'arrondissement et du conseiller général du canton, qui le présidera.

« Art. 2. — Au décès d'un débitant de boissons, le comité local devra également être consulté pour dire s'il y a lieu d'autoriser un nouveau titulaire.

Je sais qu'on dira que le comité que je propose est inutile, que les maires sont consultés.

Oui, les maires sont consultés, mais le plus souvent pour la forme. On ne tient généralement aucun compte de leur avis, soit qu'il s'agisse d'ouvrir ou de supprimer un cabaret.

Ici, messieurs, il ne s'agit pas de politique, mais d'une question de haute moralité. Si nous voulons avoir une armée disciplinée, il faut habituer les jeunes gens à ne pas passer leur temps dans les cabarets où ils prennent des habitudes de licence et de débauche qu'ils apportent à l'armée.

Si nous avons à chaque pas des cabarets ouverts, c'est une tentation continuelle ; je crois que non-seulement nous devons punir la faute, mais aussi empêcher l'occasion qui fait commettre cette faute. C'est pour cela que j'ai l'honneur de proposer mon amendement.

M. BIGOT. Messieurs, nous sommes tous d'accord dans cette assemblée sur la nécessité de limiter le nombre des débits de boissons, et cependant la commission n'a pas cru devoir accepter l'amendement proposé par M. Dezanneau. En voici les raisons : D'accord en cela avec les auteurs des propositions qui lui avaient été renvoyées, la commission a cherché à faire une loi répressive et non pas une loi de police administrative. Nous

avons voulu réprimer l'ivresse dans ses manifestations publiques, rien de plus, et nous avons
reculé devant l'élaboration d'une loi tendant à la
prévenir. Les moyens préventifs de l'ivrognerie
sont fort nombreux. Si nous étions entrés dans
la voie où nous convie l'honorable M. Dezanneau,
si, sortant du cadre qui nous était en quelque
sorte tracé par les propositions de loi que vous
avez renvoyées à notre examen, nous avions
voulu faire une loi préventive, nous aurions eu,
pour vous apporter un travail complet, à examiner non pas seulement les mesures propres à
limiter le nombre des cabarets, mais bien d'autres
mesures qui ont été indiquées au cours de cette
discussion. Nous aurions dû examiner, notamment, s'il ne fallait pas, comme en Amérique,
créer des hospices pour les individus adonnés à
l'ivrognerie, augmenter le prix de l'alcool, pro-
hiber le commerce de certaines liqueurs, s'il ne
fallait pas, en un mot, édicter une série de dispositions législatives dans la discussion desquelles nous ne pouvons entrer sans nous heurter
à des questions budgétaires fort inopportunes
dans les circonstances actuelles. Voilà pourquoi

nous avons repoussé l'amendement de M. Dezanneau.

D'ailleurs, que notre honorable collègue me
permette de le lui dire, son amendement n'est
point présenté à son heure. L'Assemblée, en
effet, est saisie d'une proposition de loi portant
abrogation du décret de 1851 sur l'ouverture des
cabarets ou débits de boissons à consommer sur
place. Cette proposition émanant de l'initiative
d'un autre de nos collègues, M. Bouchet.

Elle a pour but de remplacer le décret de 1851
par une série de mesures sur lesquelles je n'ai
point à donner mon opinion en ce moment ; mais,
lorsque la discussion de cette proposition viendra
devant l'Assemblée, l'amendement de M. Dezanneau trouvera nécessairement sa place, puisque,
d'accord en ce point avec M. Bouchet, il propose
une modification au décret de 1851. Ils ne sont
point d'accord, il est vrai, sur le but à poursuivre :
l'un trouve le décret inefficace, et veut le compléter ;
l'autre le trouve trop rigoureux, et veut l'abroger ;
mais peu importe ! leurs propositions, quoique
inspirées par un sentiment différent, ont un lien
de connexité qui impose un examen simultané.

S'il me fallait, d'ailleurs, entrer aujourd'hui dans la discussion du fond même de la question, je demanderais à M. Dezanneau si le moyen proposé par lui serait aussi efficace qu'il le suppose. Je ne crois pas que les maires, les municipalités, même en leur adjoignant quelques éléments électifs comme les conseillers généraux ou les conseillers d'arrondissement, puissent former une commission ayant une autorité suffisante pour empêcher la création de débits de boissons dans leurs communes.

Je suis même disposé à penser que si le système de M. Dezanneau était expérimenté pendant quelques années, loin d'atteindre le but qu'il poursuit, à savoir la diminution des débits de boissons, il aurait pour résultat d'en augmenter considérablement le nombre.

J'ajoute que c'est une mauvaise arme à mettre entre les mains des municipalités quelles qu'elles soient.

Lors de la seconde lecture de la loi qui nous occupe, j'ai entendu accuser le gouvernement précédent d'avoir fait de la multiplication des débits de boissons un instrument de lutte électorale. Je ne sais pas si cette accusation est fondée, je ne la discute pas; mais il suffit qu'elle ait été produite pour que je sois autorisé à dire à M. Dezanneau : Si l'on a pu accuser le gouvernement lui-même d'avoir fait de l'augmentation des débits de boissons un moyen de corruption en matière électorale, que ne pourrait-on pas dire des municipalités, si cette arme était laissée à leur disposition ?

Je craindrais, si l'amendement de M. Dezanneau était admis, qu'il ne se trouvât des municipalités faciles à permettre l'ouverture de cabarets à leurs amis, à leurs électeurs, impitoyables, au contraire, pour leurs adversaires politiques.

Le remède non-seulement serait inefficace, mais il serait désastreux en lui-même. D'ailleurs, je le répète, ce n'est pas le fond de la question que je veux discuter en ce moment. L'amendement de M. Dezanneau ne propose aucune mesure répressive de l'ivresse. Son examen serait prématuré, il pourra être reproduit d'une manière utile lors de la proposition de M. Bouchet.

M. de POMPÉRY. Je désire développer mon

amendement, parce que j'appartiens à un pays où l'ivrognerie est arrivée à l'état de véritable fléau. Je ne veux pas examiner la question au point de vue des pays vignobles où l'on consomme du vin, boisson salutaire quand on n'en fait pas abus toutefois, mais au point de vue du pays où la vigne ne croit pas et où l'on ne consomme que de l'eau-de-vie. il est certain que, dans ces pays-là et dans un grand nombre de contrées, l'ivrognerie se développe d'une façon déplorable, d'une façon alarmante ; les femmes elles-mêmes s'y adonnent et il en résulte nécessairement de graves désordres dans les familles.

Je répondrai à ceux qui rient que c'est un triste spectacle et une école de démoralisation pour les enfants, quand la mère de famille s'enivre.

D'un autre côté, il n'y a qu'à supputer toutes les pertes qu'entraîne l'ivrognerie : les morts violentes, accidentelles, les crimes et les délits qu'elle engendre, les dépenses d'emprisonnement et de Cour d'assises, l'augmentation du nombre des aliénés, des enfants trouvés et abandonnés, des familles qui tombent dans l'indigence, le temps perdu pour la production par les ouvriers et par les cultivateurs ; il n'y a qu'à supputer tout cela pour se rendre compte des pertes qu'occasionnent les progrès de l'ivrognerie dans les campagnes.

Tous ceux d'entre nous qui ont été jurés savent très-bien que, dans les pays d'ivrognerie, les deux tiers au moins des affaires qui arrivent aux assises ont pris naissance au cabaret, et qu'au contraire dans les pays où il y a peu d'ivrognes, la moralité est meilleure, les prisons sont moins remplies.

Il importe donc, dans l'intérêt même des populations, de prendre des mesures pour restreindre autant que possible un vice si funeste.

Voilà quelles sont les raisons qui ont décidé l'Assemblée nationale à voter la loi.

J'ai tenu à reproduire les parties essentielles des discours prononcés par des orateurs professant des opinions politiques opposées, pour bien démontrer que cette loi n'a pu être, en aucun moment, considérée comme une arme politique ;

pour bien établir qu'elle a été réellement et uniquement dictée par le sentiment du danger que fait courir à l'individu et à la société le vice qu'elle combat.

Je n'ai pas besoin de citer ici la loi du 23 janvier 1873 dont tous mes collègues possèdent le texte qu'ils peuvent consulter à loisir. Je ne me laisserai pas entraîner à la commenter : d'abord parceque je dépasserais ainsi le but que je me suis proposé, et ensuite parceque, nous, commissaires de police, n'avons pas qualité pour cela : nous devons prendre les lois telles qu'elles sont et les appliquer aussi justement, aussi raisonnablement que possible.

Je ne répondrai qu'à une seule objection des adversaires de la loi qui demandaient si on avait bien réellement le droit de punir l'ivresse *inoffensive* d'un homme qui ne fait du mal qu'à lui-même en buvant outre mesure. — Je dis avec M. de Neyremand : Est-ce qu'on ne pourrait pas raisonner de même vis-à-vis des vagabonds, des mendiants et des infractaires de ban, que la loi punit par le seul motif qu'ils se trouvent en cet état dangereux qui par lui-même cependant ne lèse personne ? Eh bien ! les ivrognes sont dans le même cas, eux aussi sont une menace permanente, un danger continuel pour la société. Qui nous assure que cette masse inerte, paisible dans son apparente nullité, ne va pas tout à coup, galvanisée par une vapeur alcoolique, sortir de sa léthargie et se livrer à de graves violences ? Le prétexte le plus insignifiant ne suffira-t-il pas pour allumer son humeur querelleuse ? Qui nous dit que quelque fantaisie homicide ne va pas traverser son cerveau troublé ? Ce phénomène physiologique ne s'est produit que trop souvent. Qu'on nous permette de citer, entre autres, un événement tragique qui nous revient en mémoire.

« Il y a quelques années, un individu gisait ivre mort dans un fossé qui bordait alors la promenade publique de Colmar. Cent personnes avaient passé à côté de lui sans qu'il eût donné signe de vie, et les agents de police, le croyant hors d'état de faire du mal, n'avaient pas songé à le ramasser, quand tout à coup cet homme, se réveillant et emporté on ne sait par quelle hallucination, se redresse et se précipite sur un promeneur inoffensif auquel il plonge un couteau dans le ventre. On l'arrête alors, mais trop tard, hélas ! Dans la nuit sa victime, artisan laborieux, honnête père de famille, mourait des suites de son affreuse blessure ». [1]

Combien d'actes de ce genre ne pourrait-on pas citer !

Voici encore, à titre d'exemple, ce que je lis dans un journal portant la date du 12 avril dernier :

« Les journaux de Périgueux ont raconté la découverte du cadavre d'un nommé Auguste Veyssat, ouvrier teinturier, dans un hangar appartenant à M. Lebriat et situé au bord de la rivière l'Isle. Cet événement, par les circonstances mystérieuses dont il était entouré, a produit une certaine émotion en ville, et nous croyons satisfaire la curiosité de nos lecteurs en donnant quelques détails sur cette tragique affaire :

« Veyssat a été trouvé étendu dans le hangar, la face contre terre, une écume sanglante aux

---

(1) De Neyremand. *Nécessité de réprimer l'ivresse,* p. 88 et suiv.

lèvres, les mains crispées, le corps ayant toutes les apparences d'une mort violente. On a remarqué que, pour arriver dans la tannerie de M. Lébriat, il avait dû faire une brèche dans une palissade qui clôture la cour. Veyssat se serait dirigé dans la cahute où se trouve le dépôt des acides, où on a constaté la trace de ⸱es pas, un certain désordre à l'intérieur et cinq ou six flacons dépla⸱és.

« M. le docteur Chaume qui a procédé à l'autopsie du cadavre a constaté des lésions d'une gravité exceptionnelle : l'estomac était littéralement carbonisé ; les parois, brûlées et ramollies, s'en allaient en lambeaux.

« Dans l'abdomen, une péritonite généralisée s'était produite. Dans les intestins on n'a pas trouvé moins d'un grand verre d'un liquide jaunâtre qui, jeté sur le plancher, a déterminé une effervescence rapide et que l'analyse chimique a démontré être de l'acide sulfurique.

« Cet homme avait donc succombé à l'absorption d'une assez grande quantité de vitriol. La veille, il avait été vu dans un état complet d'ivresse.

« Le malheureux Veyssat était marié et père de cinq enfants. »

Celui qui voudrait écrire les drames de l'ivresse pourrait ne raconter qu'un fait entre cent et il composerait encore un volume de proportions effrayantes.

Et maintenant, la loi est appliquée depuis douze ans. A-t-elle produit des résultats réellement satisfaisants ? — Je n'ai pas les statistiques sous les yeux mais je veux admettre qu'elles permettent de répondre par la négative. S'il en est ainsi, c'est, comme je le disais au début de cette causerie, parce que la loi a été incomplètement appliquée.

On a frappé sur l'ivrogne mais non sur son complice qui est peut-être plus coupable que lui. En effet : le premier pèche par oubli, abandon de ses facultés, abrutissement, tandis que le second n'agit que par un calcul intéressé. Quel est le plus coupable des deux ? Je crois que poser la question c'est la résoudre. Eh bien ! quatre-vingt-dix-neuf fois sur cent l'ivrogne est frappé par la loi, et le débitant qui l'a poussé à l'ivresse, qui l'a volé, reste impuni. Etonnez-vous donc après cela que la loi ne produise pas son effet !

Pour ma part, je prends la loi dans son ensemble et je dis qu'elle doit être appliquée entièrement.

Je ne veux pas dire qu'il faille insister sur les minuties. Ainsi, je laisse de côté l'article 12 qui prescrit l'affichage du texte de la loi dans tous les établissements publics. Aujourd'hui, cette affiche est absente de presque tous les endroits où on devrait la trouver. Il serait donc excessivement facile de faire condamner, pour ce fait, une quantité innombrable de débitants. Comme la loi est maintenant connue de tout le monde, l'affichage n'est plus d'une nécessité absolue et je crois que nous pouvons, à la rigueur, fermer les yeux sur cette légère infraction.

Mais les articles 4, 5 et 6 ont conservé toute leur valeur aussi bien que les articles 1, 2 et 3. Pourquoi ne seraient-ils pas appliqués ? Pourquoi la loi ne frapperait-elle pas celui qui bénéficie de l'ivresse aussi bien que celui qui en souffre ?

Ne vous arrive-t-il pas souvent qu'un chef d'établissement vient réclamer main-forte au

poste de police pour expulser de chez lui un ivrogne récalcitrant ? Le fait se présenterait plus
rarement si le cafetier ou l'aubergiste, obéissant
aux prescriptions de la loi, refusait l'entrée de
son établissement à l'homme déjà ivre. Mais non :
le débitant, excité par l'appât du gain et fort de
l'impunité que lui octroie la complaisance ou la
faiblesse de la police, accueille très-gracieusement
l'ivrogne et lui sert à boire jusqu'à l'extrême
limite de l'ivresse quand il sait ou qu'il suppose
que le buveur peut payer la dépense qu'il fait.
Quand l'homme n'est plus qu'une masse inerte,
encombrante et malpropre, le débitant laisse à la
police le soin de l'en débarrasser et tout est dit.

Contrairement à un usage regrettable, je soutiens que la loi du 23 janvier 1873, bonne à
frapper l'ivrogne, doit être également bonne à
frapper celui qui exploite l'ivrognerie.

J'ai pesé toutes les difficultés d'application
des articles 4, 5 et 6 de la loi ; cependant je
n'hésite pas à déclarer qu'avec beaucoup de mesure, de modération et de volonté, il n'est pas
impossible d'en faire usage. Certainement, il ne
faut pas que notre action sente le piège ni la

surprise. Par conséquent je ne veux pas dire que
dès l'instant qu'un individu en état d'ivresse manifeste sort d'un établissement public, il faille
immédiatement verbaliser contre le chef de cet
établissement. Il s'agit de savoir si le débitant a
favorisé ou non l'ivresse de cet homme. Il n'est
pas toujours facile de savoir cela, et, pour peu
que la culpabilité du débitant soit douteuse, j'estime que nous devons nous abstenir de toute intervention contre lui. Mais lorsque, par des faits
répétés et sérieusement observés, nous avons
acquis la certitude que le chef d'établissement,
volontairement oublieux de nos observations réi-
térées, a sciemment violé la loi, nous devons résolument le comprendre dans les poursuites que
nous exerçons contre l'ivrogne dont il a encouragé et exploité la passion.

Le jour où les débitants comprendront que,
selon l'expression vulgaire, nous jouons *bon jeu
bon argent* ; le jour où ils verront que les contraventions qu'ils commettent peuvent compromettre
sérieusement leur honneur et leurs intérêts, ils
deviendront plus circonspects et plus prudents ;
ils surveilleront plus attentivement leur clientéle

et ils deviendront tout naturellement d'excellents agents de moralité publique et les meilleurs de nos auxiliaires dans la répression de l'ivresse. Ils exerceront enfin — dans une certaine mesure — une action préventive que le législateur ne pouvait nous ordonner.

C'est alors, mais alors seulement, que la loi du 23 janvier 1873 produira son véritable effet et qu'il sera possible d'en apprécier exactement les résultats.

Je considère comme un devoir strict d'ajouter qu'en cette matière notre action est excessivement difficile. Elle doit s'exercer avec une modération et une impartialité scrupuleuses. Plus la tâche est délicate, plus elle demande de réflexion et d'étude. N'agissons donc qu'après avoir minutieusement contrôlé l'exactitude des renseignements qui nous sont fournis ; qu'après avoir acquis la certitude absolue de la contravention commise, et dégageons-nous surtout de tout parti pris et de toute passion.

Nous avons pour mission de faire observer les lois et non pas de les commenter. Cependant si, dans la pratique, nous reconnaissons la nécessité d'une réforme, je crois qu'il nous est permis, sans manquer de respect à l'œuvre du législateur, de signaler le résultat de nos observations.

Or, j'ai remarqué, et vous avez dû, mes chers collègues, le remarquer comme moi, que la loi du 23 janvier 1873 qui parait frapper également sur tous, crée, en fait, une catégorie de privilégiés,

Voici comment :

Dans les premières années d'existence de cette loi, les articles particuliers à la récidive furent diversement interprétés et appliqués.

Certains magistrats pensaient que la contravention d'ivresse manifeste ne se trouvait pas en dehors du système général des contraventions de simple police. Le rapporteur de la loi disait en effet : « Le premier fait d'ivresse peut constituer lui-même en état de récidive celui qui a été déjà condamné dans les conditions prévues par l'article 483 ; et celui qui a commencé à se faire condamner pour ivresse manifeste peut aussi devenir récidiviste, par application de cet article, en commettant toute autre contravention. La contravention nouvelle que nous proposons de recounaître et de frapper ne saurait être, à aucun titre, privilégiée. »

De son côté, le 20 octobre 1876, le Garde des Sceaux écrivait au Procureur général près la Cour d'appel de Rennes: « La nouvelle loi sur l'ivresse n'a pas créé une contravention privilégiée, et il y a récidive ordinaire alors même que la contravention de police qui a précédé celle d'ivresse, et qui a donné lieu à une condamnation dans les douze mois et dans le même canton, est d'un autre ordre. »

Mais des jurisconsultes répondirent à cette doctrine en disant que, « dans la matière spéciale de l'ivresse, la récidive ne peut exister si les deux faits qui ont été commis ne constituent pas l'un et l'autre des contraventions réprimées par la loi du 23 janvier 1873. » Ils ajoutèrent : « Si la contravention doit rentrer dans le *système général* des contraventions de simple police, on sait que d'après ce système général, l'article 483 du code pénal n'est applicable qu'aux infractions mentionnées au quatrième livre du code pénal. Ainsi, il n'y a pas récidive, si à une de ces infractions, par exemple, à un défaut de balayage, à un jet de corps durs ou à un fait de tapage succède une contravention en matière de bureaux de placement, de contrats d'apprentissage ou de livrets d'ouvriers. »

« Il doit en être de même en matière d'ivresse. Il s'agit là, en effet, de contraventions *sui generis,* qui ne peuvent constituer leurs auteurs en récidive qu'à la condition que les deux infractions qui ont été commises trouvent l'une et l'autre leur répression dans la loi du 23 janvier. »

C'est cette dernière opinion qui a prévalu.

Aujourd'hui la question ne fait plus de doute, et il est établi qu'un individu trouvé publiquement en état d'ivresse n'est justiciable du tribunal correctionnel qu'à partir du troisième fait d'ivresse. Encore faut-il que le second de ces faits ait constitué la première récidive en se commettant dans les douze mois qui ont suivi la première condamnation, et dans le ressort du tribunal qui l'a prononcée. Il faut en outre que le troisième fait d'ivresse soit commis dans les douze mois partant de la première récidive et dans le ressort du tribunal qui a prononcé cette deuxième condamnation.

Ceci étant donné, je dis et je prouve que le législateur a créé, assurément sans le vouloir, un privilège pour certains individus.

La loi peut facilement s'appliquer dans toute ses parties à l'égard des gens domiciliés. Il n'en saurait être de même à l'égard des *roulants, des trimardeurs*, des individus sans domicile fixe. Ces derniers cependant sont pour la plupart des ivrognes d'habitude ; certains d'entre eux sont en état permanent d'ivresse. Essayez donc de les prendre en état de récidive, ceux-là : vous n'y arriverez pas une fois sur cent. Non-seulement vous n'établirez par le troisième fait d'ivresse, la deuxième récidive qui vous permettrait de les envoyer en police correctionnelle, mais vous ne pourrez même pas relever le deuxième fait, la récidive en simple police qui vous permet de réclamer contre eux un à trois jours de prison.

Les intéressants personnages dont je parle, changeant constamment de résidence, peuvent donc encourir dans l'année une quantité considérable de condamnations pour ivresse sans jamais être justiciables d'un tribunal autre que celui de simple police, et sans qu'il soit possible de leur infliger une autre peine que l'amende qu'ils ne paient jamais.

Par le fait même de leur existence nomade, ces gens-là sont dans une situation privilégiée constituant à leur profit une inégalité incontestable qui les met à l'abri des atteintes de la loi.

Pour établir l'égalité dans la répréssion des faits d'ivresse, il aurait fallu, je crois, que le législateur édictât une disposition spéciale à cette catégorie particulière d'individus. Cela n'ayant pas été fait, il me semble apercevoir dans la loi une lacune qu'il est de mon devoir de signaler à qui de droit.

LA PROSTITUTION

Un écrivain qui, dans ces derniers temps, a mené une vigoureuse campagne contre la police des mœurs — campagne que j'ai tenu à suivre très-attentivemen' — se demande quel est le but que poursuit la police relativement à la prostitution, et il écrit : « Au point de vue moral, partout on reconnaît que la police des mœurs n'a pas pour résultat de diminuer la prostitution, mais de l'organiser. »

« Si alors vous voulez tout simplement l'organiser, quittez vos airs hypocrites, agissez franchement, paternellement, en administrateurs bienveillants, et non pas en tartufes féroces. »

Supprimer la prostitution est un bien beau rêve, mais ce n'est qu'un rêve que la police n'a pas la naïveté de vouloir transformer en réalité. Elle sait que la tâche est au-dessus de ses forces.

L'instruction gratuite et obligatoire qui fonctionne aujourd'hui, l'amélioration matérielle du sort des classes ouvrières dont les pouvoirs publics se préoccupent en ce moment, pourront contribuer à la diminution de la prostitution. Et encore, le moraliste et l'économiste parviendront-ils jamais à guérir un mal si profondément invétéré?

Quant à la police, je ne crois pas qu'elle ait la prétention de vouloir supprimer ni organiser la prostitution. Elle la surveille comme elle surveille toute chose qui contient un danger public et elle exécute les réglements y relatifs. Ces réglements faits par l'autorité municipale, varient, selon les idées particulières à chaque municipalité. Dès lors, comment pourrait-on songer à organiser une chose réglementée différemment dans les diverses villes de France.

Il ne faut donc pas confondre l'organisation avec la surveillance et il ne faut pas attribuer à la police une prétention qu'elle ne peut avoir.

C'est surtout en cette matière que notre vigilance trouve l'occasion de s'exercer. Hâtons-nous de dire qu'ici, plus que partout ailleurs, il faut user de beaucoup de tact. Dans ces sortes d'affaires l'appréciation des faits étant souvent difficile, la fermeté ne doit jamais faire oublier la prudence. Cette précaution est d'autant plus nécessaire que la législation est à peu près muette et que les limites de notre action sont vagues.

La prostitution n'est réglementée directement par aucune loi. Cherchez et vous ne trouverez, avant la Révolution, que l'ordonnance d'Orléans de 1560 supprimant les maisons de prostitution publique ; l'établissement d'une maison de force pour femmes en 1648 ; deux réglements de 1684 prescrivant l'envoi à la Salpétrière des filles débauchées ; l'ordonnance de 1734 contre les maîtresses de maisons publiques, et enfin la grande ordonnance générale de M. Lenoir en 1778, le réglement du 8 novembre 1780 et l'ordonnance de 1784 sur l'arrestation des filles prostituées.

Il est vrai qu'en vertu des lois des 16-24 août 1790, 19-22 juillet 1791, 8 juillet 1837, 24 vendémiaire an II, du décret du 10 vendémiaire an IV, de l'arrêté du 5 brumaire an IX, de la loi du 5 avril 1884 les maires peuvent réglementer la prostitution et nous fournir des armes pour en réprimer les écarts. C'est ce qu'ils font généralement, et notre tâche étant mieux définie devient plus facile, surtout en ce qui concerne les maisons de tolérance.

Mais ce n'est pas précisément dans ces maisons, c'est-à-dire, dans les endroits où nous pouvons exercer jour et nuit une surveillance pour ainsi dire incessante, ce n'est pas là, dis-je, qu'est le véritable danger.

On a soutenu, à l'aide de statistiques dont je n'ai pas le moyen de contrôler l'exactitude et que je veux tenir pour complètes et précises, que c'est dans les maisons de tolérance que se présentent, proportionnellement, les cas les plus nombreux de maladies contagieuses.

A ce résultat, on pourrait faire l'objection suivante : — Est-on bien sûr d'avoir inscrit toutes les femmes qui se livrent à la prostitution ? — Toutes les femmes de maisons publiques ? Oui — Mais les autres ! si on en a omis, la proportionnalité établie se trouve détruite. D'un autre côté, est-ce que tous les hommes infectés sont visités officiellement? Non : certains malades ont recours à des médecins particuliers, et si l'on savait où ils ont contracté leur maladie on en serait parfois bien surpris.

Mais ce n'est là qu'une hypothèse dont je ne veux pas tirer parti.

J'admets que la statistique en question soit exacte et je dis que, s'il en est ainsi dans les villes où les relevés ont été opérés, il peut se faire que notre service y soit fait imparfaitement. Et j'ai des raisons pour parler ainsi : —

Un jour, un de mes collègues que je connais particulièrement, entre pour la première fois dans une maison de tolérance, accompagné d'un brigadier de police. Immédiatement, le chef de la maison arrive portant un plateau de rafraichissements. — Il paraît que c'était l'usage avant l'arrivée de mon collègue. — Celui-ci refusa l'invitation qui lui était adressée et, le soir même, il renvoya son brigadier dans la maison pour y défendre qu'à l'avenir aucune consommation soit offerte, ni à lui, ni aux agents dépendant de son service.

Le fait ne se renouvela pas et le commissaire de police conserva toute son autorité sur l'établissement. Je sais que, dans la suite, il eut plusieurs fois l'occasion d'exercer cette autorité.

A l'appui de ce récit, je copie dans un ouvrage écrit par le promoteur de la statistique dont j'ai parlé tout à l'heure, l'extrait suivant d'une conversation tenue dans un café par deux tenanciers : —

« Je suis furieux de mon voyage manqué ; mais je me rattrapperai ici sur place. J'ai, en outre, besoin d'un personnel domestique qui me fait souvent défaut. C'est tout de la clique. Je ne veux plus que des personnes ne connaissant pas mes trafics de maison. Je les dresserai, et quand ça sera un peu trop au courant, je changerai ça pour d'autres. On ne saurait jamais avoir assez de précautions ; heureusement que, à D....., j'ai le *condé* [1] franc.

Pour cela, il me faut *casquer* [2] ; mais, vois-tu, il faut savoir donner un billet de mille pour travailler en maître [3] ».

Cela me confirme dans l'idée que si les cas de maladie sont ou paraissent être plus fréquents chez les prostituées en maison que chez les autres, cela tient principalement à notre défaut de surveillance.

______

[1] Commissaire de police corrompu.
[2] Payer.
[3] (la Prostitution par Yves Guyot. p. 168.) Mr Guyot cite le nom de la ville ainsi que le nom et l'adresse du parleur. Je m'abstiens de reproduire ces détails.

Je répète d'ailleurs que le danger réel, la lèpre sociale, sont surtout dans la prostitution clandestine.

C'est chez les prostituées en chambre qui ont échappé à nos investigations et que nous n'avons pu encore faire inscrire sur les registres de la prostitution qu'existent — d'autant plus terribles qu'elles sont ignorées, -- les maladies contagieuses qui affaiblissent notre race et qui font que nos jeunes hommes de vingt ans ressemblent à leurs pères, les gaulois, commes les chênes rabougris de la pointe du Finistère ressemblent à leurs frères vigoureux du centre de la France qui étalent majestueusement dans l'espace leurs superbes frondaisons.

Lorsqu'un cas de maladie se produit dans une maison de tolérance ou chez une fille inscrite, nous le connaissons presque immédiatement et nous prenons les mesures qu'il nécessite. S'il nous est caché et que nous parvenions à le découvrir, — la chose arrive — nous avons le moyen de faire punir l'infraction commise.

Mais si la maladie se déclare chez une prostituée clandestine, qu'arrive-t-il ? — La contagion est là avec ses terribles conséquences. Ne l'oublions pas : ce n'est pas précisément dans les maisons où s'exerce notre surveillance que les mineurs sont reçus. Si des faits de ce genre s'y produisent, ce ne peut être qu'à titre exceptionnel car nos agents observent, et d'ailleurs, les jeunes gens imberbes, craintifs, redoutent d'être chassés et craignent un refus qu'ils considèrent comme un affront. Mais, au détour d'une rue étroite, à la porte d'un corridor sombre, par l'entre-bâillement de deux persiennes, le vice les guette, les attire, les dévalise de leur bourse et les dépouille de leur vigueur naissante. Et c'est ainsi que leurs forces s'en vont, pour ainsi dire, avant d'être venues.

C'est généralement du boudoir ou de la mansarde de ces femmes gangrenées que descendent ces jeunes hommes au visage blême, dont les jambes fléchissent comme si elle ne pouvaient supporter le poids d'un corps cependant bien débile. Que font ces enfants de vingt ans à l'allure de vieillards ? — Après avoir dépensé, gaspillé misérablement en dix ans la moitié de leur existence, ils se marient pour faire une fin, et, s'ils ne sont pas complètement épuisés, ils donnent à leur pays une génération qui, au bout de quelques années, fait la plus fidèle clientèle des médecins, la stupéfaction des conseils de révision et — chose plus navrante — la faiblesse de la patrie

Donc, il est de notre devoir d'exercer et de faire exercer une surveillance scrupuleuse des faits de prostitution. Mais, ai-je déjà dit, il est souvent bien difficile de déterminer, de savoir si telle femme peut être légalement inscrite comme prostituée. Pour cela, il faut un concours particulier de circonstances dont l'examen ne saurait être fait trop sérieusement et trop consciencieusement.

A cet égard, nous pouvons puiser de sages indications dans le message que le Directoire exécutif adressait au Conseil des Cinq-Cents le 18 Nivôse an IV.

« C'est à vous qu'il appartient de suppléer au silence de la loi en portant une loi qui réprime enfin des désordres qu'une plus longue impunité rendrait peut-être redoutables au gouvernement ; vous voudrez que cette loi caractérise, et les individus qu'il s'agit d'atteindre et les peines qu'il convient de leur appliquer ; vous voudrez qu'elle indique d'une manière claire et qui ne laisse rien à l'arbitraire, ce qu'on doit entendre par la désignation de filles publiques ; car vous n'ignorez pas que si les femmes qui se livrent à cette vie infâme restent impunies, c'est qu'il est presque toujours impossible aux magistrats chargés de la police de leur faire une exacte application de la qualité de filles publiques, parce que ce titre ne devant, à la rigueur, être donné qu'à celles qui exercent activement ce vil métier, la plupart trouvent le moyen de s'y soustraire en alléguant qu'elles sont ouvrières ou marchandes, et en produisant des certificats des personnes pour lesquelles elles prétendent travailler. Ces personnes ne rougissent pas même de réclamer quelquefois, en présence des magistrats, ces mêmes femmes comme filles de boutique, ouvrières ou domestiques, quoiqu'elles soient notoirement filles publiques, et qu'on les ait arrêtées en flagrant délit.

« Pour remédier à cet inconvénient, vous déterminerez avec précision ce qui constitue une fille publique : *récidive et concours de plusieurs faits particuliers, légalement constatés, notoriété publique, arrestation en flagrant délit prouvé légalement par des témoins autres que le dénonciateur ou l'agent de police,* voilà sans doute les circonstances qui vous paraîtront caractériser cette honteuse et misérable profession.

« Quant aux peines dont elle peut être susceptible, il ne paraît pas qu'on puisse en appliquer d'autres que les peines correctionnelles ou de simple police, graduées suivant la gravité des circonstances, mais en observant de préférer toujours l'emprisonnement aux amendes, parce que les coupables de ces délits n'ayant le plus souvent aucune propriété, même mobilière, les condamnations pécuniaires deviennent à leur égard sans effet ou qu'elles ne les acquittent qu'en faisant de nouveaux outrages à la morale publique. »

J'ai sous les yeux un questionnaire qui a été adressé, en 1882, aux municipalités des principales villes de France.

Avant d'abandonner le sujet que je traite, je tiens à faire connaître à mes lecteurs les réponses qui ont été faites aux deux questions suivantes : —

1° Peut-on diminuer la prostitution ?
2° Par quels moyens ?

Marseille (Bouches-du-Rhône).
Pas de réponse à ces questions.

Montpellier (Hérault).
Pas de réponse à ces questions.

Rennes (Ille-et-Vilaine).
1re question. Trouver le moyen de dimiuer la prostitution est un problème des plus complexes. En attendant qu'il soit résolu, il convient d'appliquer sévèrement et partout les règlements sur les mœurs. Il faudrait notamment punir sévèrement les père et mère qui livrent leurs filles mineures et favorisent leur débauche ; livrer à la justice tous ceux qui reçoivent dans des chambres libres les filles mineures ; empêcher que les filles mineures soient reçues dans les maisons de tolérance, comme cela a lieu dans certaines villes.

(Communication de la Mairie.)

Reims (Marne).
1re question. Oui.
2me question. Prendre un arrêté donnant le

droit aux agents du service des mœurs d'arrêter
et de punir par tant de violon (prison de l'hôtel
de ville) les filles ou femmes rencontrées plusieurs
fois raccrochant les passants sur la voie et dans
les lieux publics ou défendus.

Je n'admets point le moyen proposé ? pour arrêter les progrès que fait la prostitution.

— Il y aurait une source d'abus, — il y a quelque chose à faire : quoi ?? Mais c'est une question
qu'il ne faut point cesser d'étudier.

(Rapport du Commissaire de police.)

Rouen (Seine-Inférieure).

Pas de réponse à ces questions.

Aix (Bouches-du-Rhône).

1re question. Difficilement.

2me question. En assurant le travail des femmes
et en augmentant leurs salaires.

(Communication de la Mairie.)

Amiens (Somme).

Pas de réponse à ces questions.

Angoulême (Charente).

1re question. Très-difficilement.

2me question. Néant.

(Communication de la Mairie.)

Arles-sur-Rhône.

1re question. Oui.

2me question. Par l'instruction ; il est une chose digne de remarque : la généralité est illettrée.

(Communication de la Mairie)

Arras (Pas-de-Calais).

Pas de réponse à ces questions.

Avignon (Vaucluse).

1re question. Non.

Le Maire : DEVILLE.

Brest (Finistère).

1re question. Dans une ville maritime comme Brest, non.

2me question. Néant.

(Communication de la mairie.)

Carcassonne (Aude).

Pas de réponse à ces questions.

Cette (Hérault).

1re *question.* Oui.

2me *question.* En créant des ateliers de couture, de piquage à la machine et des bureaux de placement pour les domestiques qui n'ont pas de métiers, et où des ressources leur seront assurées jusqu'au moment où elles pourront être occupées.

(Communication de la mairie.)

— —

Chalon-sur-Saône (Saône-et-Loire).

Avis personnel de l'adjoint.

On peut diminuer la prostitution en supprimant les maisons de tolérance, en considérant comme vagabondes et punissant comme telles toutes les femmes étrangères à une localité et ne justifiant pas de moyens d'existence et signalées par leur inconduite ; en établissant des pénalités sévères contre toute femme racolant ou excitant à la débauche sur la voie publique, enfin par l'instruction, en facilitant à la femme l'accès d'une quantité d'emplois qu'elle pourrait remplir ou occuper.

P. MAUCHAMP.

Dieppe (Seine-Inférieure).

1re *question*. Non.

(Communication de la mairie.)

Dijon (Côte-d'Or).

1re *question*. Non.

(Communication de la mairie.)

Dunkerque (Nord).

Pas de réponse à ces questions.

(Communication de la mairie.)

Laval (Mayenne).

1re *question*. Ça me paraît difficile, le travail des femmes est trop peu rémunérateur ; on pourrait peut-être l'atténuer par l'élévation des salaires des femmes.

Le commissaire de police,
Ch. TROCHENS.

Limoges (Haute-Vienne).

1re *question*. Oui.

2me *question*. Par l'instruction et l'amélioration du sort de la femme.

Le commissaire central,
F. MICHEL.

Vu : *le Maire,*
Marcelin BÉCHARD, adjoint.

Lorient (Morbihan.)

1re *question.* Nous le pensons.

2me *question.* Le seul moyen que nous connaissions pour diminuer la prostitution, ce serait de moraliser la jeunesse au moyen de l'éducation.

(Communication de la mairie.)

Lyon (Rhône)

1re *question.* Il serait impossible de diminuer la prostitution ; on ne peut que la réglementer.

(Communication de la mairie.)

Moulins (Allier).

1re *question.* Très-difficile, sinon impossible. La prostitution parait plutôt augmenter que diminuer et le nombre des filles qui s'y livrent clandestinement est toujours très-élevé. — Pour cette catégorie de filles, la nécessité de la visite s'impose de la façon la plus impérieuse et toute liberté sur ce point offrirait les plus grands dangers car ce sont ces filles qui contaminent la plupart des vénériens civils ou militaires, sans jamais se faire soigner. La liberté de la prostitution et la suppression de la visite seraient, comme cela est arrivé dans différents pays, le point de départ d'un accroissement considérable dans le nombre des syphilitiques.

(Communication de la mairie.)

Nantes (Loire-Inférieure).

1re *question* : Je ne le crois pas, on ne peut que la réglementer de façon qu'elle s'étale moins publiquement.

2me *question*. Par l'application rigoureuse des règlements.

Lu et reconnu exact

Le maire de Nantes,
G. COLOMBET.

Niort (Deux-Sèvres).

1re *question*. Oui.

2me *question*. Par la recherche de la paternité.

(Communication de la mairie.)

Pau (Basses-Pyrénées).

1re *question*. On arrivera très-difficilement à la diminuer.

(Communication de la mairie.)

Saint-Quentin (Aisne).

1re *question*. Cela paraît difficile.

— 233 —

2me *question*. On ne connait pas de moyens.

(Communication de la mairie.)

Tarbes (Hautes-Pyrénées).

1re *question*. Oui.

2me *question*. En surveillant d'une manière spéciale les procureuses qui excitent et engagent par des promesses illusoires les filles à se livrer à la prostitution.

Le commissaire central,
GIRON.

Troyes (Aube).

1re *question*. Non ; il n'existe pas à Troyes, plus que dans les villes industrielles du même ordre, des causes particulières favorables au développement de la prostitution. La question des moyens à employer pour diminuer la prostitution se pose donc à Troyes dans les termes généraux où elle se présente au moraliste en même temps qu'au législateur.

(Communication de la mairie.)

Valence (Drôme).

1re *question*. Difficilement.

2me *question*. Ces moyens ne sont pas du ressort de l'administration. Il faudrait changer nos mœurs et modifier profondément l'état social de la femme.

Quand celle-ci aura un salaire suffisant pour subvenir à ses besoins, elle n'aura pas recours à la prostitution ou elle ne s'y livrera que pour satisfaire ses passions, ses désirs de luxe. La paresse et la vanité en feront toujours tomber un grand nombre.

(Communication de la mairie.)

Valenciennes (Nord).

Commissariat central de police

RAPPORT

La prostitution était en décroissance marquée depuis le mode de recrutement adopté après la guerre.

Les vieux sous-officiers ont disparu, ainsi que les vieux soldats, lesquels, en temps de paix, ne songeaient qu'à boire et à fréquenter les femmes qui rôdaient autrefois sur les remparts et autour des casernes, et dont l'exemple excitait les jeunes soldats à la débauche.

Avec le service obligatoire de trois ou cinq ans, les jeunes soldats constamment tenus en haleine par le service et des exercices durant toute l'année, et n'étant plus entraînés par l'exemple de leurs anciens, rentrent sains de corps dans leurs foyers, et l'armée renvoie chaque année une classe d'hommes aguerris, fortifiés, et pleins de santé.

Mais la prostitution menace de devenir plus générale que jamais, par la liberté accordée aux débits de boissons. Dans nos provinces, les cabaretiers, qui n'ont plus à craindre de fermeture par ordre de l'administration, font de leurs établissements des maisons de rendez-vous, facilitent la débauche, et aident au développement de la prostitution dans des proportions alarmantes pour l'avenir des populations.

Saint-Étienne (Loire).

1re question. Cela n'est guère possible, elle augmente tous les jours.

2me question. Il n'y a aucun moyen.

(Communication de la mairie).

Roubaix (Nord).

1re question. Il y a peu de maisons de prostitution (légales) à Roubaix, et peu aussi de filles en carte ; cela tient à la facilité avec laquelle se livrent les filles de fabrique, et le nombre en est considérable.

2me question. Le seul moyen, à mon avis, c'est d'amener le bien-être dans les familles par le travail bien rémunéré. Quand les familles auront le nécessaire et qu'elles n'auront plus faim, elles se moraliseront et leurs enfants ne se prostitueront plus. *(Commissaire de police.)*

A la suite de ce rapport, une longue communication de M. Emile Moreau propose, comme remède à la prostitution, une profonde réforme sociale ayant pour base l'autonomie communale.

Grenoble (Isère).

1re question. Oui.

2me question. Par une surveillance plus efficace des parents ; par une instruction plus développée et ensuite par l'augmentation de la journée du travail des femmes, qui peut à peine suffire aux premiers besoins. La privation et le luxe sont les éléments qui poussent à la prostitution.

Le Maire de Grenoble, ED. REY.

Alais (Gard).

1re question. Difficilement.

Bayonne (Basses-Pyrénées).

Pas de réponse à ces questions.

Périgueux (Dordogne).

1re question. Oui, en redoublant de vigilance et de sévérité envers les gens qui provoquent ou font provoquer les jeunes filles à la débauche — les proxénètes et les hommes au profit desquels ils s'emploient. La loi restera injuste et insuffisante tant qu'elle n'établira pas une assimilation complète dans le délit et dans la peine entre tous les complices de ces actes de corruption. C'est l'appât de l'argent et non l'attrait du vice qui fait succomber les jeunes filles ; les proxénètes, je parle de celles qui vivent librement sous l'apparence d'une autre profession, n'agissent elles-mêmes qu'à l'instigation des hommes qui les payent et qui peuvent, sous la législation actuelle, continuer d'entretenir cette infâme industrie sans risquer de perdre leur « honorabilité. »

Le Maire.

Montauban (Tarn-et-Garonne).

1ᵉ question. Non.

Le Maire,
ALEXIS BERGI. [1]

Et maintenant, que ressort-il de tout cela ? — Que le mal qui nous occupe ne disparaît pas et ne tend pas à disparaître.

Il sera donc probablement demain et longtemps encore ce qu'il est aujourd'hui. Dès lors, nous ne pouvons avoir qu'une intention : surveiller sérieusement la prostitution et en prévenir autant que possible les abus.

Voilà pour la prostitution.

Mais, à côté de la prostitution, vivant absolu ment par elle, nous trouvons le proxénétisme : excroissance hideuse poussée sur une plaie en suppuration. Je veux parler spécialement des *souteneurs* qui ne sauraient être poursuivis avec trop de persévérance et de vigueur.

Le souteneur est généralement un être dont le passé est taré et qui préfère se vautrer dans le vice plutôt que de lutter courageusement pour se

____

(1) Extrait de La Prostitution par Yves Guyot.

refaire, par le travail, une place dans la société.
Ou bien, c'est un ouvrier paresseux que la débauche a progressivement éloigné de l'atelier où
il espère bien ne jamais plus revenir. L'atmos-
phère empestée devient son élément naturel et son
cœur est désormais incapable d'aucune aspiration
saine et généreuse. Il se sent heureux de vivre
dans l'abjection et il jouit voluptueusement de son
immonde oisiveté qui renferme toutes les tentations du crime.

Qu'est-ce qui le retient ainsi dans cette fange?
Est-ce le charme des femmes corrompues qui
l'entourent? Non car il les traite en véritables
bêtes de somme et il ne prise d'elles que l'argent
qu'elles lui procurent. Ce qu'il aime, c'est le jeu,
l'ivresse, la paresse qui l'empêchent de faire un
pas dans la route du bien et qui le poussent fatalement à franchir toutes les étapes du mal.

Cet homme vieillira cependant, et il deviendra
impropre à remplir son ignoble besogne actuelle.
Ses muscles affaiblis ne pourront plus faire leur
œuvre dans les rixes ; son masque ridé ne pourra
plus lui servir à jouer le rôle de chevalier recru-
teur. Chassé de partout, que fera-t-il?

Croyez-vous que le souteneur va reprendre l'instrument de travail que sa famille avait placé dans sa main adolescente ? Non : sa main est rouillée comme sa conscience. Ce déclassé habitué à la paresse, au bien-être et à la vie facile, voudra vivre encore, comme il le fait depuis longtemps, aux dépens d'autrui. Or, de la paresse et de la débauche au vol il n'y a qu'un pas, et du vol au meurtre il n'y a souvent que l'épaisseur d'une lame de couteau. Demain le proxénète délaissé sera très-probablement un voleur et après-demain peut-être un assassin. Que dis-je ? demain. Le souteneur pratique largement le cumul : M* Alphonse et Cartouche s'incarnent souvent en un seul et même individu.

Il y a là un danger sérieux à combattre.

Les avis ont été longtemps partagés à l'effet de savoir si la législation existante pouvait atteindre les souteneurs.

Dans ces dernières années, des troubles publics auxquels ces singuliers personnages étaient mêlés ont attiré l'attention de la justice et ont fait trancher la question d'une manière très-nette qui ne laisse plus aucun doute sur l'efficacité de certaines armes que le code nous fournit contre les proxénètes.

En effet, les tribunaux n'hésitent pas aujourd'hui à condamner les souteneurs comme vagabonds parce que, le plus souvent, ces individus se trouvent bien réellement dans la situation prévue par l'article 270 du code pénal.

Cette jurisprudence a été consacrée par la cour de cassation qui a rejeté le pourvoi formé par un souteneur contre l'arrêt de la cour d'appel de Bordeaux, chambre correctionnelle, du 4 juillet 1883, portant condamnation à six mois d'emprisonnement pour vagabondage.

Voici le texte de l'arrêt rendu par la cour suprême : —

« La Cour, etc.

« Sur le moyen unique du pourvoi tiré de la violation des articles 270 et 271 du code pénal, en ce que les faits souverainement constatés par l'arrêt attaqué ne renfermeraient pas tous les éléments constitutifs du délit de vagabondage ;

« Attendu qu'aux termes de l'article 270 du code pénal les vagabonds ou gens sans aveu sont ceux qui n'ont ni domicile certain ni moyens d'existence et qui n'exercent habituellement ni métier ni profession ;

« Attendu, en ce qui touche l'existence d'un domicile certain, qu'il résulte des constatations de l'arrêt attaqué que la chambre occupée par la fille publique Marie Brun était louée par cette dernière qui seule en payait les loyers ;

« Que, si cette fille, avec laquelle Mayot entretient des relations inavouables, lui donnait asile dans cette chambre, « ce n'était là qu'une » résidence de hasard que les exigences du honteux » métier de la fille Brun obligeaient Mayot à » quitter souvent pour aller chercher ailleurs un » abri momentané » ;

« Qu'en cet état des faits constatés, c'est à bon droit que l'arrêt a déclaré que le demandeur ne pouvait être considéré légalement comme ayant un domicile certain ;

« Attendu, en ce qui concerne les moyens de subsistance, que l'arrêt constate « que le prévenu » n'a aucunes ressources personnelles, qu'il était » sans argent au moment de son arrestation et » que ses seules ressources provenaient du par- » tage des produits de la prostitution de la fille

» Brun, partage souvent extorqué par la violence
» et plutôt subi que volontairement accepté » ;

« Que de semblables ressources ainsi obtenues
ne sauraient constituer, dans le sens de la loi,
des moyens de subsistance ;

» « Attendu, enfin, quant à l'exercice habituel
d'un métier ou d'une profession, qu'il est expressément constaté par l'arrêt que « depuis six ans,
« Mayot n'a cessé de se livrer à des habitudes de
» paresse qui l'ont fait condamner plusieurs fois
» pour vagabondage et pour vol, et que, depuis
» plus de six mois, il n'a été occupé qu'accidentel-
» lement et n'a ni travaillé, ni cherché du travail » ;

« Attendu qu'en déclarant que les faits ainsi
constatés constituaient le délit de vagabondage
prévu par l'article 270 du code pénal et en leur
appliquant les pénalités édictées par l'article 271
du même code, l'arrêt attaqué, loin de violer
lesdits articles, en a fait, au contraire, une exacte
et juste application ;

« Rejette le pourvoi formé par Mayot, etc. »

(C. cass. 23 Août 1883).

Nous serions donc coupables de ne pas relever,
contre ces tristes et dangereux personnages, le

délit de vagabondage chaque fois que nous en trouvons l'occasion.

Il faut cependant ajouter qu'il n'y a pas d'illusion à se faire à cet égard. Je pense avec M. Macé, l'ancien chef de la sûreté, que la mesure est insuffisante et que, du reste, les délinquants ont toute facilité de tourner la loi. — « Il leur suffira pour cela de se pourvoir d'un logement quelconque, si inhabitable qu'il soit, et de se procurer un emploi infime qui les occupe pendant quelques heures de la journée pour être à l'abri de toute répression. »

Le législateur devrait donc remédier à cela par une loi spéciale capable d'endiguer ce flot menaçant. Je sais qu'une telle loi n'est pas facile à faire, mais je crois cependant qu'en envisageant sérieusement la question il ne serait pas impossible de la résoudre.

Voilà la situation.

En présence de cette situation et en attendant que la législation soit complétée, qu'avons-nous à faire ? — Notre devoir en tirant tout le parti possible des règlements municipaux et des lois existantes.

Et maintenant je n'ajoute qu'un mot.

La prostitution et le proxénétisme sont les deux aspects d'une plaie sociale épouvantable qu'il est bien difficile de guérir. Avec la plus opiniâtre volonté, nous, police, nous ne pourrions y parvenir parce que nous ne possédons et ne possèderons probablement jamais les moyens nécessaires. Mais nous pouvons, avec beaucoup de travail et de persévérance, en atténuer les déplorables conséquences. Même considérée à ce point de vue étroit, notre tâche est grande. Prévenir le crime, sauvegarder la santé publique, ménager les forces vives de la patrie ; sous ce triple aspect elle est capable de tenter notre dévouement et d'exciter notre vigilante sollicitude.

LA PROTECTION DE L'ENFANCE

L'application de la loi du 7 Décembre 1874 sur la protection des enfants employés dans les professions ambulantes.

Tous mes collègues possèdent la loi du 7 Décembre 1874. Il est donc inutile que j'en donne ici le texte.

Je ne poserai qu'une question, et la réponse à cette question constituera ma causerie.

La loi sus-indiquée est-elle appliquée d'une manière générale et réellement sérieuse? — Non.

Il suffit de parcourir quelques villes pour s'assurer que des enfants de l'âge le plus tendre sont tous les jours offerts en spectacle, dans des exercices périlleux, soit sur les places publiques, soit dans les baraques foraines, soit même dans les établissements fixes, casinos, alcazars de certaines villes. De telle sorte que la loi du 7 Décembre 1874 semble être abrogée ou n'avoir jamais existé.

Cela vient, je crois, de ce que ceux qui sont

chargés de la faire observer ne se rendent pas un compte bien exact de sa nécessité et de son importance.

Cependant, il y a un moyen bien simple de se pénétrer de l'utilité de cette loi. Il suffit de se rappeler que la loi Grammont du 2 Juillet 1850 protège les animaux domestiques contre les mauvais traitements exercés publiquement et abusivement sur eux, et de se demander si des enfants, autrement intéressants que des animaux, ne méritent pas d'être protégés contre les tortures qu'on leur fait subir.

Si cette comparaison ne paraissait pas concluante, il faudrait chercher l'esprit et le but de la loi dans la discussion dont elle a été l'objet dans l'Assemblée Nationale.

Je ne reproduirai pas ici toute cette discussion qui grossirait démesurément ce volume. Je renvoie ceux de mes lecteurs qui voudraient relire ces intéressants débats, au Journal Officiel, n° du 8 Décembre 1874, pages 8083 à 8088.

Je crois utile cependant de citer la partie de la discussion où il est plus particulièrement question de nous, de notre rôle dans l'exécution de la loi.

ASSEMBLÉE NATIONALE

Séance du 7 Décembre 1874

———

M. Léopold Faye. J'ai déjà rendu un complet et sincère hommage à la pensée d'humanité qui a dicté le projet de loi qui vous est en ce moment soumis ; aussi puis-je venir aujourd'hui très-librement, non pas seulement appuyer la suppression partielle de l'article 1re du projet de loi, qui vous a été demandée par notre honorable collègue M. Chevandier, mais réclamer la suppression complète de cet article 1er.

Ce n'est pas par des considérations empruntées aux faits que j'essayerai de justifier la thèse que je veux soutenir en ce moment devant vous ; c'est en me plaçant à un point de vue que je considère comme plus élevé, au point de vue du texte légal qu'on vous invite à consacrer, à introduire dans notre légalisation pénale. Et, si je ne m'abuse, il ne me sera pas difficile de vous démontrer cette double proposition : que la loi, en présence de la législation criminelle actuelle, est à la fois inutile et dangereuse.

L'article 1er, messieurs, le seul que vous ayez en ce moment à examiner, renferme, à proprement parler, trois parties principales sur lesquelles il me paraît essentiel que l'assemblée veuille bien reporter un instant son attention.

Dans le paragraphe 1er qui est général, qui sert pour ainsi dire de vestibule à la loi, on lit :

» Tout individu qui fera exécuter par des enfants de moins de seize ans des tours de force périlleux, ou exercices de dislocation, sera puni... etc. »

Dans le second paragraphe :

« ..... Tout individu autre que les pères et mères pratiquant la profession d'acrobate, saltimbanque, charlatan, montreur d'animaux ou directeur de cirque, qui emploiera dans ses représentations des enfants de moins de seize ans, sera puni.... etc. »

Enfin dans le troisième paragraphe, par une inconséquence que vous me permettrez de vous signaler, au nom de cette protection de l'enfance que l'honorable rapporteur invoquait tout à l'heure en termes si éloquents et si émus, on introduit une modification qui, à elle seule, suffirait, à mon avis, pour faire repousser la loi. On donne au père de famille sur son enfant le droit de libre disposition, dès l'âge de douze ans, pour le soumettre à ces exercices qu'on critiquait encore, il n'y a qu'un instant avec un entraînement, une chaleur et une vigueur à laquelle je suis le premier à rendre hommage. En effet, voici ce que porte le dernier paragraphe :

« La même peine sera applicable aux père et mère exerçant les professions ci-dessus désignées, qui emploieront leurs enfants âgés de moins de douze ans. »

Eh bien, je dis que ce projet de loi était inutile et qu'il est dangereux.

Il est inutile à un double point de vue. Il est inutile d'abord parce que vous n'êtes pas désarmés, et je vous montrerai que les armes que vous avez en ce moment en votre possession sont autrement efficaces et autrement énergiques, si l'on veut les appliquer, les employer, pour défendre l'enfance, pour défendre la santé, la vie et, j'ajoute, la moralité des enfants, que celles qui vous sont proposées.

Et, en effet, qu'est-ce que vous voulez prévenir

par votre loi? Voulez-vous prévenir l'exhibition immorale d'enfants au-dessous d'un certain âge ? Si vous vous placiez sur ce terrain, je vous ré-répondrais : soit. Que votre loi dise ce que vous voulez lui faire dire et je la vote avec vous.

Si vous considérez comme immoral qu'un directeur de spectacle, qu'un acrobate, qu'un saltimbanque emploie des enfants au-dessous d'un certain âge, eh bien, soit encore ; mais ne faites pas d'exception, car celle que vous introduisez au profit du père de famille suffirait à elle seule, je le répète, pour me déterminer à repousser la loi.

Mais ce n'est pas ce que vous avez voulu. Vous avez voulu, à côté de cette pensée morale que je signale et à laquelle, je le répète pour la troisième fois, j'ai déjà rendu en mon nom personnel, lors de la seconde lecture et à laquelle je rends aujourd'hui encore un hommage sincère et complet, ce que vous avez voulu, c'est protéger matériellement l'enfance, c'est éviter que, dans ces exhibitions, dans ces spectacles, la santé ou la vie de l'enfant soit compromise.

Eh bien, je dis que vous avez une double protection ; la première, c'est la protection adminis-

trative, protection qui doit toujours être debout,
qui peut sommeiller sans doute, mais qu'il appartient à M. le garde des sceaux et surtout à
M. le ministre de l'intérieur de réveiller. Oublie-
t-on, en effet, messieurs, que toute notre législation, depuis la loi de 1790 en passant par la loi
de 1833 et arrivant à celle de 1837, a armé l'administration communale, l'autorité préfectorale et
celle du préfet de police du droit absolu d'interdire les exercices forains? Cette interdiction,
messieurs, ne leur appartient pas seulement au
point de vue de la morale mise en péril, elle leur
appartient encore au point de vue de la sécurité
des personnes; et je n'apprendrai rien à mes
collègues en disant que, lorsque dans la pratique
les préfets, les maires ont leur attention appelée
sur certains spectacles forains qui peuvent mettre en danger non-seulement la vie des enfants,
mais celle des autres personnes attachées à ces
spectacles, ils interviennent pour les arrêter et
les interdire.

Je dis que c'est là le moyen le plus énergique,
le plus efficace auquel vous puissiez avoir recours, et qu'il est inutile d'appeler à votre aide

le tribunal correctionnel que vous placeriez dans
une situation telle, qu'il lui serait impossible non-
seulement de définir le délit qui lui serait déféré,
mais même de le réprimer d'une manière suffisante et réellement efficace.

Le second moyen, -- et je le dis pour tous
ceux de mes collègues qui n'auraient pas dans la
juridiction administrative une confiance absolue.
— le second moyen est celui qui est écrit dans
notre code pénal : c'est l'article 319, c'est l'article 320 que j'invoque en ce moment pour vous
démontrer que s'il y a eu une imprudence commise, se traduisant par des faits qu'il est possible
de saisir, de préciser, de caractériser, le ministère public a le droit et le devoir d'intervenir et
de provoquer la répression.

Que dit, en effet, l'article 319, qui prévoit le
cas le plus grave, celui d'homicide.

Cet article dit : « Quiconque par maladresse,
imprudence, inattention, négligence ou inobservation des règlements, aura commis un homicide,
sera puni... etc. »

Ainsi, si un accident se produit, si cet accident
est fatal, s'il entraîne la mort d'un homme ou

d'un enfant, vous avez l'article 319 que vous pouvez invoquer. N'y a-t-il que simple blessure, eh bien, c'est encore un délit qui sera réprimé, lorsqu'il sera la suite et la conséquence d'une négligence et d'une imprudence, — ce qui est bien le cas des spectacles de cette nature, — par une amende de 16 à 100 francs et par un emprisonnement de six jours à deux ans. Par conséquent, soit au point de vue administratif qui prévient, soit au point de vue criminel ou correctionnel, qui a pour objet d'appliquer une peine en cas d'accident ou de mort, je trouve une double garantie que je demande inutilement à la loi qui est en ce moment soumise à vos délibérations.

Mais, dira-t-on, notre loi n'est pas seulement une loi de répression, c'est une loi qui a pour but de prévenir et d'empêcher.

Je réponds : Voyons, examinons au point de vue pratique la question à laquelle donne lieu l'objection que je viens ainsi de préciser et de définir. Qu'est-ce que vous voulez réprimer ? Vous voulez réprimer, dites vous...

M. Schœlcher. Les exercices dangereux.

M. Léopold Faye. Je remercie mon honorable

collègue M. Schoelcher de me ramener au texte premier de la loi. J'y arrivais, du reste, il le voit, au moment même où son interruption se produisait, et je reconnais que c'est sur ce point particulier que repose l'objection dont il se fait en ce moment l'organe.

Eh bien, voyons quelles sont les dispositions de ce paragraphe 1er, et je supplie l'Assemblée de vouloir bien écouter un instant, car si je n'examine la question qu'à un point de vue très-modeste, il est cependant bien important, puisqu'il ne s'agit de rien moins que de créer des pénalités nouvelles à côté d'un délit nouveau.

Dans le paragraphe 1er, vous dites que seront réprimés et punis les tours de force périlleux et exercices de dislocation.

Ne croyez pas que je veuille entrer dans les détails techniques et scientifiques qui vous ont été présentés tout à l'heure à cette tribune par l'honorable M. Chevandier. Je suis absolument incompétent dans ces matières et je n'essayerai pas de définir la dislocation, encore moins les tours de force périlleux ; mais, si je ne puis définir ces choses, je me demande comment les juges pourront arriver eux-mêmes à les définir.

Il en est tout autrement quand on se trouve en présence des dispositions des articles 319 et 320 du code pénal, qui prévoient le fait d'homicide par imprudence ou de blessures involontaires. Oh ! alors, comme j'ai un fait matériel sous les yeux, comme ce fait peut être apprécié par les conséquences et aussi par les circonstances qui l'ont produit, je ne dirai pas qu'il soit toujours extrêmement facile de le saisir, mais je dirai qu'il est toujours possible d'arriver à dégager, au point de vue légal, la question de savoir si le fait matériel est le résultat d'une négligence ou d'une imprudence. Oui ! lorsque le fait est patent, que le fait matériel, qui s'appelle en droit pénal le corps du délit, est placé sous les yeux du juge, il ne s'agit que de le qualifier, de le rapprocher du texte de la loi, et de voir s'il peut être réprimé et puni par lui ; vous pouvez avec une absolue confiance en saisir la justice.

Mais ici, messieurs, de quoi s'agit-il ? Vraiment, je ne voudrais pas, dans un débat de cette nature, donner par mes paroles prétexte à des sourires, mais enfin je suppose que pour un instant nous soyons transportés, non pas dans un cirque élégant et grandiose, dans un de ces grands établissements que la loi n'a pas l'air de toucher, car elle ne le dit même pas, mais dans un spectacle forain. Il y a à côté de nous et parmi les spectateurs un commissaire de police. Le commissaire de police assiste avec le plus vif intérêt au spectacle, quand tout à coup il croit remarquer qu'un enfant de moins de seize ans est soumis à un de ces exercices dont parle votre loi, et il dit : Cet exercice est périlleux, ce tour de force est dangereux ; il verbalise. Jusque-là, tout est facile.

Cela ne regarde pas, dit-on, le commissaire de police. Mais au contraire, cela ne regarde que lui. Je ne suppose pas, en effet, que les juges aillent constater eux-mêmes le délit qu'ils ont mission de réprimer. C'est donc bien le commissaire de police, et remarquez que je pourrais dire avec raison que c'est un simple agent de police, car je n'aurai même pas toujours la garantie qui s'attache à l'intelligence présumée d'un fonctionnaire d'un ordre relativement élevé ; ce sera un simple agent, que dis-je, dans une petite commune, ce sera le garde-champêtre. Un procès-verbal intervient, rien de plus facile encore une fois. Ce procès-verbal est déféré au parquet. Ah ! voilà où la difficulté commence.

Il faut d'abord que l'officier du parquet, le procureur de la République ou son substitut se livrent à un petit examen de conscience et se disent : Voyons ! D'après ce qui m'est raconté, l'exercice qui a donné matière au procès-verbal est-il un tour de force périlleux ? est-il un exercice de dislocation ? si oui, il faut le traduire en police correctionnelle ; dans le cas contraire, il n'y a pas de délit.

Est-ce que vous pensez que cette appréciation est facile à faire ? est-ce que quelqu'un de vous voudrait la faire ?

Il m'est arrivé, dans ma très modeste carrière d'avocat, d'être désigné comme auxiliaire de la magistrature, et j'ai pris part à bien des jugements de police correctionnelle. Eh bien, je vous déclare que si j'avais été appelé à juger la question de savoir si un tour de force ou un exercice de dislocation était ou n'était pas périlleux, j'aurais décliné ma compétence, j'aurais dit : Vous n'avez pas un fait matériel à m'offrir, et, par conséquent, j'acquitte.

Voilà la situation dans laquelle vous mettrez les magistrats, et je vous déclare que, quant à à moi, je ne puis suivre la commission, quelle que soit l'excellence des motifs qui l'animent, quels que soient les sentiments d'humanité qui ont dicté son projet.

Sans doute, il est bon et généreux de protéger l'enfance, mais je crois que ce but ne sera pas atteint. Les intentions de la commission sont excellentes ; mais sa loi est mauvaise, surtout dans son article 1er, et je le repousse par les raisons que j'ai indiquées et que je résume en peu de mots.

Cet article est inutile et il est dangereux : il a pour but de réprimer des faits pour ainsi dire insaisissables, qui laisseront la conscience du juge livrée à tous les hasards de l'appréciation, et c'est ce qu'il faut éviter en matière pénale. Je fais appel à tous ceux qui, comme jurisconsultes, comme magistrats, ont étudié les questions de cette nature, et j'ai la profonde et intime conviction qu'il n'en est aucun qui voulût consacrer la disposition de l'article 1er du projet de loi.

M. Emile Lenoel. Je viens, au nom de la commission, répondre aux observations qu'a présentées l'honorable M. Faye.

A la fin de son discours il disait, portant en quelque sorte un défi à tout homme de droit : « Si quelqu'un se sent le courage de soutenir que le texte de loi présenté à l'Assemblée est un texte légal et juridique, qu'il monte à la tribune ! » J'y suis monté pour répondre à ce défi, et je crois que j'aurai l'assentiment de l'Assemblée quand j'affirmerai que dans quelques instants elle votera l'article actuellement en question.

L'honorable préopinant a dit que le texte de l'article 1er du projet de loi était un texte inutile et dangereux.

Il y a, il faut bien en convenir, dans les arguments qu'il a invoqués à l'appui de sa double affirmation, une contradiction singulière que je montrerai tout à l'heure. Mais je prends les deux objections.

Et d'abord, la loi est inutile ! Parce que dit-il, les articles 319 et 320 du code pénal ont suffisamment pourvu aux faits que la loi qui vous est soumise a pour but de réprimer et de punir.

Eh bien, c'est là une confusion regrettable et qui me surprend profondément de la part d'un légiste aussi habile que mon excellent collègue, j'allais dire confrère, M. Faye.

Comment ! la loi est inutile parce qu'il existe dans le code pénal les articles 319 et 320 !

Mais que disent ces articles ? Ils supposent le malheur arrivé : ils prévoient qu'à la suite d'un acte d'imprudence imputable à un agent quelconque, il y a eu homicide ou blessure ; le fait est consommé, et ces articles 319 et 320, qui n'ont rien de préventif, comme il le disait lui-même, qui sont des textes purement répressifs, punissent l'auteur, l'agent du délit, du délit qui n'existe que lorsque les blessures ou la mort de la victime en ont constitué l'existence et montré la gravité.

Ce n'est pas là ce que nous avons en vue : nous demandons à l'Assemblée de prévenir de semblables faits, en s'inspirant du point de vue moral et du point de vue matériel

Je ne veux pas autrement insister sur le point de vue moral, après les éloquentes paroles de mon honorable ami M. Tallon ; mais c'est cependant celui qui nous a le plus vivement émus et qui nous a engagés à présenter une loi pour atteindre tous les faits dont nous voulons prévenir les fâcheuses conséquences, et que les articles 319 et 320 du code pénal ne répriment que lorsque ces conséquences se produisent.

Et en effet, messieurs, de quoi s'agit-il ? L'Assemblée le sait ; on le lui dit, on le lui a répété encore dans cette séance : il s'agit pour nous, dans cette loi, d'empêcher qu'on fasse exécuter en public, par des enfants de moins de seize ans, des tours de force périlleux et des exercices de dislocation.

C'est là, en effet, la mesure préventive, et c'est pourquoi je m'en réfère encore ici aux observations de l'honorable M. Tallon. Quant aux exercices de dislocation, — des médecins au besoin monteraient à cette tribune pour démontrer à l'Assemblée combien ils sont dangereux pour la santé et la vie de l'enfant, — le père qui les fait faire à son enfant se rend coupable d'un véritable abus d'autorité, attendu que ces exercices soumettent l'enfant à une véritable torture.

Quant aux tours périlleux, ah ! M. Faye dit

ceci : Mais votre loi est impossible, parce qu'on ne pourra pas déterminer quels seront les tours de force périlleux ! Qu'est-ce qui constituera le danger ?

Messieurs, j'ai une réponse bien simple à faire, je l'ai déjà faite lors de la seconde lecture ; cette réponse est celle-ci et M. Faye me la fournit lui-même : Les articles 319 et 320 imposent aux juges correctionnels l'obligation de dire, quand le malheur est arrivé, quand les blessures ou la mort sont un fait acquis, ce qui constitue l'imprudence. Eh bien, il ne leur sera pas plus difficile de dire ce qui constitue l'imprudence dans le tour de force que de dire ce qui constitue l'imprudence dans le délit de blessures par imprudence.

Il y a toujours nécessité d'apprécier l'imprudence, d'apprécier le danger, le péril ; seulement dans notre loi, à nous, le juge sera appelé à dire à l'avance ce qui sera périlleux, tandis qu'il le dit après, lorsqu'il y a mort de l'enfant, dans le cas de l'article 319. Par conséquent, l'objection ne se soutient pas un instant, en présence de l'observation qui nous a été faite par M. Faye lui-même.

Mais est-ce tout ? Est-ce qu'on ne trouve pas dans notre législation des cas nombreux, je pourrais dire innombrables, dans lesquels le juge est ainsi appelé à déterminer, sans que le législateur ait pu le définir, ce qui constitue le caractère prévu, indiqué par le texte de la loi. Par exemple, en matière de séparation de corps, la séparation de corps peut être prononcée pour injures, sévices, cruautés. Jamais, que je sache, ni un jurisconsulte, ni un tribunal n'ont reproché à ces mots de notre code civil une élasticité telle, qu'il ne fût pas permis à la conscience d'un juge de se prononcer en toute sûreté et de dire s'il y a sévices motivant la séparation de corps.

L'honorable M. Faye a dit encore : Votre loi est inutile, parce que si vous voulez vous reporter aux lois concernant l'organisation de la police municipale et aux lois de police en général vous verrez que les préfets dans les départements, que le préfet de police aujourd'hui, comme chef de la sûreté en France, sont investis du droit de s'opposer à certains exercices qui sont considérés comme dangereux pour ceux qui les exécutent, ou comme attentatoires à la morale publique. Il vaut bien mieux, a ajouté M. Faye, s'en référer aux règlements de police.

En vérité, messieurs, il y a là une bien singulière contradiction que je promettais à l'Assemblée, au début de mes observations, de lui faire toucher du doigt.

Comment! la loi est inutile, et c'est parce qu'elle est inutile qu'il n'en faut pas ! Tout à l'heure, elle sera dangereuse, et ce que M. Faye trouve bon et non pas inutile ni dangereux, c'est un règlement de police.

Eh bien, j'avoue que ce règlement étant, lui aussi, obligatoire, mais applicable non plus par le juge correctionnel, mais par le juge de simple police, il me semble au moins étrange et, pour dire toute ma pensée, incompréhensible qu'une loi soit inutile là où un règlement municipal, où un règlement de police est jugé utile et même indispensable par mon honorable contradicteur.

J'ajoute que l'inconvénient de ce règlement de police, c'est d'être précisément, aux termes de la loi des 16 et 24 août 1790, laissé à l'appréciation je dirai volontiers dans le sens que l'assemblée comprend, à l'arbitrage du magistrat municipal;

tandis que la loi, elle, a cet avantage d'être également exécutoire partout et par tous et de ne pas
permettre que, dans un département un préfet
qui partagerait l'opinion de l'honorable M. Faye
pût autoriser les exercices périlleux ou dangereux que nous voulons empêcher, alors que, très
certainement, l'orateur qui lui répond en ce moment, s'il était préfet dans un département voisin
ferait un règlement absolument contraire; en
sorte que, suivant que le saltimbanque se trouverait dans le ressort de l'honorable M. Faye ou
de l'orateur qui lui répond, il serait soumis à des
prescriptions, à des règles absolument différentes.

C'est là quelque chose de mauvais, de déplorable ; et si l'assemblée reconnaît, comme M. Faye
lui-même, puisqu'il fait appel à des règlements
de police, — si l'assemblée reconnait que les
actes que nous voulons empêcher sont des actes
mauvais, préjudiciables, dangereux, immoraux,
on me concédera que l'assemblée, qui a le droit,
elle, de faire des lois applicables partout, peut
voter les dispositions que nous réclamons d'elle,
afin qu'elles soient également exécutoires sur
tout le territoire français.

M. Faye. Il y a cette différence que, selon moi, l'assemblée fera sur cette matière une mauvaise loi, et que la police pourrait faire une règlementation excellente.

M. Emile Lenoel. Il ne m'est pas possible, je l'avoue, de comprendre comment ce que la police pourrait faire par de bons règlements, l'assemblée ne pourrait pas le faire par une bonne loi.

L'honorable M. Faye dit : le commissaire de police, d'après la proposition de loi, doit assister à ces spectacles forains ; et s'il pense qu'un tour de force, exécuté par un enfant de moins de seize ans ou qui paraîtra âgé de moins de seize ans, est un tour de force périlleux, ce commissaire de police verbalisera : et voyez, alors, quel scandale ! Le spectacle sera troublé !

Je réponds à M. Faye que notre proposition renferme des articles qui ont précisément pour objet et, nous l'espérons, auront pour effet d'empêcher que cette circonstance puisse se produire. En effet, d'après ces articles, le directeur, — si vous trouvez le mot un peu ambitieux, je dirai le maître de ces tristes baraques, — doit porter avec lui un passeport, un livret indiquant le nom, l'âge, le lieu d'origine des enfants qu'il occupe. Je crois donc que des faits, des scandales tels que ceux que redoute l'honorable M. Faye ne pourront se produire que difficilement.

M. Léopold Faye. Vous ne m'avez pas compris.

M. Emile Lenoel. D'autant plus que notre proposition indique également que l'officier de police municipale sera dans l'obligation, avant d'autoriser la représentation, de se faire exhiber et ces extraits d'âge et ces livrets dont nécessairement le chef de la bande devra toujours être porteur.

Mais enfin, comme il sera possible d'avoir des enfants qni ne soient pas soumis à l'exhibition et que ces enfants pourront bien, eux, n'avoir pas douze ans, et qu'on pourra bien frauder la loi, l'objection de M. Faye, dans cette partie, peut subsister encore.

J'avoue que pour moi, la perspective de voir troubler les loisirs de l'existence par la présence du commissaire de police qui viendra verbaliser est une chose qui me touche peu, et j'avoue que quant à la crainte de porter atteinte à la liberté et à l'indépendance du saltimbanque, je m'en soucie encore très-peu. Non pas cependant que je fasse

bon marché de ses droits et de sa liberté pas plus
que des droits et de la liberté de qui que ce soit ;
mais nous sommes en présence des principes généraux de notre législation, dont l'Assemblée
elle-même a fait, en 1874, une mémorable application ; je veux parler de la loi sur le travail des
enfants dans les manufactures.

En effet, messieurs, vous avez établi des dispositions très-sévères pour protéger l'enfant dans
les manufactures, là où il ne reçoit que de bons
exemples et de bons enseignements, où il apprend
un travail utile qui devra en faire plus tard un
bon père de famille et un bon citoyen. Vous avez
cru devoir faire cela, vous avez bien fait et nous
avons voté la loi. Lorsque vous avez édicté ces
dispositions protectrices de l'enfant dans les manufactures, vous avez dans des articles subsé-
quents indiqué que des inspecteurs spéciaux
seront appelés à constater les contraventions qui
pourront être commises dans ces lieux où sont
exercés des travaux honorables ; et non-seulement vous avez confié ce droit à des inspecteurs
spéciaux, mais vous avez encore dit dans le paragraphe dernier de l'article 12 :

« Les dispositions ci-dessus ne dérogent pas aux règles du droit commun, quant aux constatations des infractions commises à la présente loi. »

L'inconvénient de faire entrer le commissaire de police dans les spectacles forains ne me paraît pas plus grand que celui de faire entrer les inspecteurs spéciaux dans les ateliers ou les manufactures.

M. Léopold Faye. Ce n'est pas ce que j'ai dit.

M. Emile Lenoel. Nous avons répondu, je crois, aux objections qui nous ont été faites.

J'appelle maintenant votre attention, messieurs, sur un fait que nous avons déjà signalé lors de la seconde lecture, c'est-à-dire sur ce fait que la loi italienne a édicté, en cette matière, des dispositions plus sévères encore que celles que nous vous soumettons. En effet, au lieu de s'arrêter à l'âge de seize ans, la loi italienne, votée récemment, prohibe d'une façon absolue l'exhibition des enfants âgés de moins de dix-huit ans dans tous les spectacles forains.

Voici ce que porte l'article 2 de cette loi :

« Quiconque, dans l'intérieur du royaume,

garde auprès de lui dans l'exercice des professions indiquées plus haut, des individus de moins de dix-huit ans qui ne sont pas ses fils, est passible d'un emprisonnement de trois à six mois et d'une amende de 100 à 500 fr. »

Ainsi la loi italienne a voulu empêcher les enfants de se faire saltimbanques avant l'âge de dix-huit ans. Nous nous sommes arrêtés à l'âge de seize ans ; mais le principe est le même.

La législation italienne, qui marchait pour ainsi dire concomitamment avec la nôtre, a eu le privilège — que je lui envie pour ma part, de nous devancer dans cette voie ; les Etats-Unis y sont entrés également ; l'Assemblée devant laquelle j'ai l'honneur de parler ne manquera pas de les y suivre.

M. léopold Faye. Mon honorable collègue et ami a répondu à une objection que je n'ai pas faite, et il a absolument négligé celle que j'ai eu l'honneur de soumettre à l'Assemblée.

Je n'ai pas dit qu'il y eût grand inconvénient et encore moins grande difficulté pour un agent de l'autorité de constater si un enfant employé dans un cirque avait plus ou moins de seize ans.

J'ai dit — et c'est à cela qu'on n'a pas répondu,
— que la difficulté pour l'agent de l'autorité qui
souvent et même toujours sera un agent subal-
terne, était d'assigner au tour de force ou à l'exercice la qualification nécessaire pour que la loi
puisse être appliquée. C'est à cela, encore une fois,
qu'on n'a pas répondu.

M. SCHŒLCHER. Rien n'est plus facile que de
répondre à la question que l'honorable M. Faye
pose maintenant devant l'assemblée.

Tout le monde est juge de ce qu'est un exercice dangereux. Je n'en veux prendre qu'un seul
exemple. Qu'on saisisse un enfant par une jambe,
qu'on le jette à un homme se tenant à dix pas de
distance, ce que j'ai vu faire, je dis que tout le
monde, tout agent, tout juge pourra dire que c'est
un exercice dangereux. Et je dis que si l'honorable M. Faye voyait son enfant jeté de cette
façon-là, il ne mettrait pas en doute que ce fût
un exercice dangereux.

Je voudrais ajouter un seul mot, c'est que tous
les exercices qui mettent la vie de l'acteur en
danger sont des exercices qui offensent, je ne
crains pas de le dire, la morale publique, qui

est intéressée à ce qu'on ne donne pas de spec.
tacles capables de dépraver l'imagination et la
pensée de ceux qui en sont les témoins.

Nous ne devons pas oublier que parmi ceux
qui assistent à ces spectacles, il y en a beaucoup
qui ne trouvent pas dans les lumières d'une
intelligence cultivée de quoi réagir contre leur
mauvaise influence. Il n'y a donc pas d'exagération à dire que la question touche aux intérêts de
la morale.

Ne perdez pas de vue, messieurs, l'argument
que faisait valoir l'honorable M. Lenoël : Comment !
vous avez fait une loi pour protéger les enfants
dans le travail des manufactures, et vous n'en
feriez pas une pour protéger les enfants dans le
travail des saltimbanques !

Votons la loi. Elle est bonne, elle a pour but
d'empêcher l'abus que l'on peut faire de pauvres
enfants qui sont hors d'état de se défendre. Le
danger des exercices auxquels on les applique
trop souvent est facile à déterminer et il est
mauvais d'en donner le spectacle.

———

Après cette lecture il est facile de bien se pénétrer de l'esprit de la loi et de comprendre ce que veut cette loi.

Notre devoir a d'ailleurs été très nettement rappelé dans la circulaire suivante adressée par M. le Procureur de la République près le tribunal de la Seine aux commissaires de police du ressort.

Paris 1er août 1883.

Monsieur le commissaire de police,

Mon attention a été récemment appelée sur les infractions à la loi du 7 décembre 1874, « relative à la protection des enfants employés dans les professions ambulantes, » qui sont journellement commises dans le département de la Seine.

L'enquête à laquelle j'ai procédé a établi que les dispositions tutélaires de cette loi sont, en effet, trop souvent méconnues ; qu'un nombre relativement considérable d'enfants sont employés dans leurs représentations par les directeurs de cirques et de spectacles forains, et que la plupart y exécutent des tours de force périlleux et des exercices de dislocation.

Je vous invite, en conséquence, monsieur le

commissaire de police, à exercer à l'avenir une surveillance constante sur les théâtres de cette nature établis dans votre quartier, ou pour le service desquels vous êtes délégué, à l'effet d'assurer l'exécution de la loi sus visée, dont je crois utile de vous rappeler, en les résumant ci-après, les principales dispositions.

L'article premier a pour objet de placer sous la surveillance de la loi, jusqu'à un âge qui varie, suivant qu'ils accompagnent leurs parents ou qu'ils sont sous la conduite d'un étranger, les enfants employés dans les représentations publiques par « les individus pratiquant les professions d'acrobate, saltimbanque, charlatan, montreur d'animaux ou directeur de cirque. »

Les termes de cet article indiquent suffisamment qu'il n'est pas applicable aux enfants employés dans les représentations musicales ou littéraires.

Jusqu'à l'âge de douze ans accomplis, aucun enfant, de quelque sexe qu'il soit, ne peut-être employé dans les représentations de la nature de celles spécifiées dans l'article premier, alors même qu'il n'exécuterait aucun exercice dangereux.

Cette prohibition est étendue jusqu'à l'âge de seize ans, si l'enfant est placé sous la conduite d'une personne « autre que le père ou la mère. »

Lorsque l'enfant est, au contraire, accompagné de son père ou de sa mère, il peut être employé dans leurs représentations, à partir de l'âge de douze ans, mais, jusqu'à seize ans accomplis, il ne peut y exécuter « des tours de force périlleux ou des exercices de dislocation. »

A partir de l'âge de seize ans, la protection spéciale de la loi prend fin complètement et l'enfant peut exécuter tous exercices gymnastiques périlleux ou non, sous les conditions déterminées par les arrêtés et règlements administratifs ordinaires.

Toutes ces prohibitions sont applicables aussi bien aux enfants de nationalité étrangère qu'à ceux d'origine française.

Afin d'assurer l'exécution des dispositions qui précèdent et de permettre aux autorités compétentes d'exercer là surveillance que comporte l'application de la loi, le législateur a soumis les personnes exerçant l'une des professions précédemment spécifiées à l'obligation de justifier, à toute réquisition des officiers de police judiciaire et des autorités municipales, de l'âge, de l'identité et de l'origine des enfants placés sous leur conduite.

Elles doivent à cet effet (article 4) être munies :

1° De l'acte de naissance en due forme de l'enfant ;

2° D'un livret ou d'un passe-port justifiant que l'acte de naissance est réellement applicable à l'enfant et qu'il se trouve régulièrement placé sous la conduite des personnes qu'il accompagne.

Votre attention devra tout particulièrement porter sur l'authenticité des pièces qui vous seront ainsi représentées, de manière à déjouer les fraudes qui pourraient être tentées soit par la production d'actes, de passeports ou livrets faux ou falsifiés, soit par l'usage d'actes qui ne seraient pas applicables à l'enfant.

Dans le cas où des faits de cette nature seraient constatés, vous n'hésiterez pas à saisir provisoirement les pièces pouvant être arguées de faux et dresser procès-verbal contre qui de droit, par application des articles 145, 153 et suivants du Code pénal.

Les obligations ainsi imposées aux directeurs de cirques, chefs de troupes ambulantes et autres entrepreneurs de spectacles acrobatiques, ont une double sanction, l'une purement judiciaire et répressive, l'autre administrative et en quelque sorte préventive.

Les infractions à l'article 1er sont punies d'un emprisonnement de six mois à deux ans et d'une amende de seize à deux cents francs. Celles à l'article 4 qui est relatif aux actes, livrets et passeports des enfants, sont passibles d'un emprisonnement de un mois à six mois et d'une amende de seize à cinquante francs.

Enfin l'article 5 impose aux autorités municipales l'obligation d'interdire toutes représentations où seraient employés des enfants en violation de la présente loi. Malgré les termes généraux de cet article, j'estime qu'il doit être interprété en ce sens que l'interdiction est applicable, non à la représentation entière, mais seulement aux exercices où ces enfants devraient figurer.

J'appelle en dernier lieu votre attention, Monsieur le Commissaire de police, sur l'article 2, aux termes duquel :

« Les pères, mères, tuteurs ou patrons qui au-
» ront livré, soit gratuitement, soit à prix d'argent,
» leurs enfants, pupilles ou apprentis âgés de
» moins de seize ans, aux individus exerçant les
» professions ci-dessus spécifiées.... seront punis
» des peines portées en l'article 1er. »

Cette disposition ne me paraît demander aucun commentaire.

Vous devrez, en conséquence, lorsque vous
constaterez une infraction commise par un directeur de cirque ou autre entrepreneur de spectacles acrobatiques, rechercher également si un
procès-verbal ne doit pas être dressé contre les
personnes qui auraient placé l'enfant sous sa
conduite.

En outre, dans le cas où par suite de l'inexé-
cution de la présente loi, si un accident quelconque venait à se produire, vous aurez soin de m'en
donner immédiatement avis par un rapport spé-
cial et de dresser procès-verbal pour blessures
ou homicide par imprudence et inobservation des
règlements.

Je vous prie de m'accuser réception de cette
circulaire.   Recevez, etc.

Mais, comme le fait remarquer l'auteur de la circulaire que je viens de citer, il y a dans la loi du 7 Décembre 1874 deux articles qui ne doivent pas passer inaperçus car, à mon point de vue, ils ont une très-grande importance. Ce sont les articles 2 et 3 ainsi conçus : —

« ART. 2. — Les pères, mères, tuteurs ou pa-
» trons qui auront livré, soit gratuitement, soit
» à prix d'argent, leurs enfants, pupilles ou ap-
» prentis âgés de moins de seize ans aux indivi-
» dus exerçant les professions ci-dessus spéci-
» fiées, ou qui les auront placés sous la *conduite*
» *de vagabonds, de gens sans aveu ou faisant*
» *métier de la mendicité*, seront punis des peines
» portées en l'article 1er.

« La même peine sera applicable à quiconque
» aura déterminé des enfants âgés de moins de
» seize ans à quitter le domicile de leurs parents
» ou tuteurs pour suivre des individus des profes-
» sions sus désignées.

« La condamnation entraînera de plein droit
» pour les tuteurs la destitution de la tutelle ;
» les pères et mères pourront être privés des
» droits de la puissance paternelle.

« Art. 3. — Quiconque emploiera des enfants
» âgés de moins de seize ans à *la mendicité ha-*
» *bituelle, soit ouvertement, soit sous l'apparence*
» *d'une profession*, sera considéré comme auteur
» ou complice du délit de *mendicité en réunion*
» prévu par l'article 276 du code pénal, et sera
» puni des peines portées au dit article.

« Dans le cas où le délit aurait été commis par
» des pères, mères ou tuteurs, ils pourront être
» privés des droits de la puissance paternelle ou
» être destitués de la tutelle. »

Cette partie de la loi n'a pas besoin d'être com-
mentée parcequ'il est très-facile de voir qu'elle
forme le complément nécessaire des articles 274
à 276 du code pénal.

Et maintenant, revenant à l'ensemble de la loi,
j'entends certaines gens s'écrier ; — Mais si vous
empêchez les saltimbanques d'enseigner leur profession à leurs enfants, vous finirez par nous
priver d'un spectacle qui ne tardera pas à disparaître. — Tant pis ! Mais, après tout, est-ce une
distraction bien digne d'encouragement que celle
qui vous est procurée par un homme qui expose
son existence pour vous amuser, et qui torture

horriblement son enfant en l'astreignant à des
exercices périlleux qui peuvent faire tomber ce
malheureux petit être mort à vos pieds ?

N'est-ce pas plutôt un attrait malsain qui vous
attire à ces spectacles ! Je n'en veux pour preuve
que votre attitude. Vous ménagez vos bravos à
l'artiste qui ne fait que des tours ordinaires parce
que, dites-vous, tout le monde pourrait en faire
autant. Mais lorsque l'artiste a exécuté un exercice réellement périlleux, un tour extraordinaire,
vos applaudissements éclatent frénétiquement.
Réfléchissez donc à ce que vous faites et compre-
nez que vous excitez ce pauvre diable à augmenter, pour vous plaire, les difficultés de son travail
et à multiplier ainsi ses chances de mort.

Eh bien ! si ces spectacles venaient à disparaître, est-ce qu'il vous serait difficile de vous
procurer des distractions, non-seulement équivalentes, mais supérieures à celles-là ? D'ailleurs,
faites-en votre deuil s'il le faut, mais sachez bien
qu'il vaut mieux que l'enfant qui pousse devienne
un ouvrier laborieux plutôt qu'un saltimbanque
agile. Vous y perdrez peut-être une distraction
plus ou moins raffinée, mais la société s'en trou-

véra fortifiéé car celui dont vous ne pourrez plus
applaudir la voltige aérienne contribuera, par un
travail moins périlleux, tout aussi méritoire et
beaucoup plus fécond, à accroître la richesse
nationale au lieu de l'absorber en vivant dans un
parasitisme fâcheux et dangereux à tous les
points de vue.

Je ne répondrai pas aux autres objections que
l'on peut faire contre la loi ; je ne pourrais que
répéter à cet égard les arguments développés par
les orateurs de l'Assemblée Nationale.

Pour nous, la loi est la loi. Elle existe, nous
devrions l'appliquer, même si nous n'étions pas
convaincus, comme nous devons l'être, de sa
nécessité.

Il n'est pas inutile d'ajouter que certains directeurs de spectacles forains ne sont en règle
qu'en apparence. Ils soumettent à notre visa le
livret prescrit par l'article 4, mais ils font travailler ensuite des enfants qui ne figurent nullement sur leur livret. Pour faire cesser cet abus
il suffit de déployer un peu de vigilance.

A ce sujet, je dois signaler la circulaire minis-
térielle du 6 Avril 1875.

« Après avoir stipulé dans les articles 1, 2 et 3
» l'interdiction d'employer dans les professions
» ambulantes, ainsi qu'à la mendicité habituelle,
» soit ouvertement, soit sous l'apparence d'une
» profession, les enfants âgés de moins de seize
» ans, l'article 4 de la loi du 7 Décembre 1874
» dispose que tout individu exerçant une des pro-
» fessions spécifiées à l'article 1er devra être
» porteur des papiers nécessaires pour justifier
» de l'identité des enfants placés sous sa con-
» duite.

« Et afin d'assurer à ce sujet un contrôle ré-
» gulier, il est enjoint par l'article 5, aux auto-
» rités municipales, d'interdire toutes représen-
» tations aux individus qui n'auraient pu faire
» les justifications requises, et d'en donner im-
» médiatement avis au parquet.

» Cette disposition, sur laquelle repose toute
» l'efficacité de la loi, a été signalée comme étant
» restée lettre morte dans un très-grand nombre
» de départements où l'on continuerait de voir
« des enfants se livrer à la mendicité ou figurer
» dans des troupes de saltimbanques. »

Le ministre recommande, en conséquence, aux

préfets de stimuler la sollicitude des municipalités et les invite à remplir scrupuleusement les obligations qui leur incombent.

Je crois en avoir assez dit sur ce chapitre. Cependant, je ne puis m'empêcher de répéter ce que j'ai déjà écrit : — Puisque la loi Grammont protège les animaux contre les mauvais traitements, pourquoi hésiterions-nous à appliquer une loi qui nous permet de protéger de malheureux enfants qui entrent dans la vie par la porte de la douleur et que les tortures qu'ils subissent vouent presque infailliblement à la misère, à la mort prématurée.

NÉCESSITÉ DE COMBATTRE L'EXPLOITATION
DE LA CRÉDULITÉ PUBLIQUE

Emus par les nombreuses plaintes qui leur étaient portées, certains préfets ont pris des arrêtés prohibitifs ou de règlementation rigoureuse relativement aux professions de saltimbanques, bateleurs, joueurs d'orgues, musiciens ambulants, chanteurs, montreurs d'animaux, entrepreneurs de spectacles forains, de jeux de hasard, etc., qui, sous le couvert de leur industrie, se livrent souvent au vol et à la mendicité.

Ce qui a rendu ces arrêtés nécessaires, c'est la négligence des municipalités à réglementer l'exercice des professions sus-désignées, c'est aussi et surtout notre indifférence à les surveiller.

Dans une foule de cas, la législation nous permet d'agir sans le secours d'arrêtés préfectoraux ou municipaux, surtout en ce qui concerne les devins, pronostiqueurs et somnambules, et les directeurs de jeux de hasard dont je veux parler particulièrement.

Relativement aux devins, pronostiqueurs, somnambules etc., le code pénal s'exprime ainsi : --

« Art. 479 n° 7. — Seront punis de onze à quinze francs inclusivement, les gens qui font métier de deviner et pronostiquer, ou d'expliquer les songes.

Art. 480 n° 4. — Pourra, selon les circonstances, être prononcée la peine d'emprisonnement pendant cinq jours au plus, contre les interprètes de songes.

« Art. 481 n° 2. — Seront, de plus, saisis et confisqués, les instruments, ustensiles et costumes servant ou destinés à l'exercice du métier des devin, pronostiqueur, ou interprète de songes.

« Art. 482. — La peine d'emprisonnement pendant cinq jours aura toujours lieu, pour récidive, contre les personnes et dans les cas mentionnés à l'article 479. »

Voici un résumé de la jurisprudence établie à cet égard : —

1°. — Pour qu'il y ait contravention, il faut que le prévenu fasse métier de deviner ou pronostiquer, c'est-à-dire qu'il reçoive un salaire,

quelque modique qu'il soit (Chauveau et Elie,
t. VI, p. 400 ; Gaillard et Dalloz, n° 458 ; Carnot
et Rolland de Villargues, sur l'art. 479 ; P. Gil-
bert, § 7, n° 2.) — 2' — La loi atteint les diseurs
et diseuses de bonne aventure, les prétendus sor-
ciers, les tireurs et tireuses de cartes, ceux qui
exercent comme métiers le somnambulisme ou
le magnétisme, tous ceux enfin qui font métier
de prétendre découvrir les choses cachées ou
connaître l'avenir, et cela au moyen de pratiques
superstitieuses. (Trib. de la Seine, 7 Décembre
1852.)

Comment donc se fait-il qu'une chose si catégoriquement défendue par la loi se produise publiquement et très-souvent avec l'assentiment,
l'autorisation de ceux qui ont reçu mission de
l'empêcher ? — Cela vient quelquefois de l'insouciance de la police et aussi de la naïveté des
municipalités des petites villes qui s'imaginent
que ces industries attirent la foule dans les foires
et marchés de leurs localités.

Je prétends que dans toutes les villes où il
existe un commissaire de police, ce magistrat ne
doit tolérer l'installation d'aucun des établisse-

ments dont je parle. En agissant ainsi, il défend, quoi qu'on puisse en penser, les intérêts de la cité. Je m'expliquerai sur ce point à la fin de cette causerie.

Pour le moment, examinons ces industries et voyons les dangers que font courir aux populations ceux qui, au mépris de la loi, en tolèrent l'exercice.

Commençons par les devins, somnambules, pronostiqueurs etc.

Ces professions s'exercent généralement les jours de fêtes et de foires, sur la place publique, dans une voiture bariolée de couleurs éclatantes, rehaussée de baguettes de cuivre reluisant fortement au soleil. Cette voiture est munie, sur le devant, d'une espèce de galerie couverte où se trouve la porte d'entrée à laquelle le public arrive directement par un escalier mobile de cinq à six marches. C'est la voiture de la *double-vue*, dans certains pays, de la *bonne-aventure*, dans certains autres.

A la galerie dont je viens de parler, deux femmes font la *postiche* [1] à la foule. L'une, le sujet,

---

(1) Débitent le boniment.

la magnétisée, reçoit, avec force soubresauts, le fluide que lui passe solennellement sa compagne jouant le rôle d'opérateur, de magnétiseur. Immédiatement après commence *l'amorce* [1]. En réponse aux questions posées par l'opérateur, le sujet, qui a toujours les yeux bandés, désigne, sans s'y tromper, le genre de coiffure ou la couleur de la cravate de tel monsieur, la nature de l'étoffe de la robe de telle dame etc. Enfin l'opérateur feint de tendre un piège à la voyante et lui demande, par exemple, de quelle couleur est la barbe d'un jeune homme absolument imberbe. Le sujet répond avec le même calme et la même assurance que précédemment : « Ce monsieur n'a pas de barbe. » L'expérience est décisive et les marques non équivoques de satisfaction données par l'assistance indiquent clairement que le moment est venu de distribuer, moyennant finances, les cartes de consultation.

Ne cherchez pas alors à faire comprendre au paysan ébahi que les réponses si précises qu'il vient d'entendre sont le résultat d'un langage

---

[1] Les expériences destinées à tenter les auditeurs.

conventionnel, il ne croira pas un mot de ce que vous pourrez lui dire et il ira consulter la devineresse.

Le paysan laisse la meilleure part de sa bourse entre les mains de la voyante, mais, en échange, il emporte une ample provision de haine. En arrivant à la foire il avait des soupçons sur son voisin Jacques ; au retour, il ne doute plus, il est convaincu que ce voisin est la cause, le seul auteur de toutes ses souffrances. A la première occasion il se vengera, et selon que ses instincts seront grossiers il poussera la vengeance jusqu'à l'incendie et jusqu'au meurtre.

S'il était possible de remonter à la source, à la conception première des crimes commis dans les campagnes, on serait étonné d'en retrouver si souvent le germe dans les voitures des somnambules.

Pendant que les femmes dépouillent ainsi les badauds, les hommes ne restent pas inactifs : Je dirai plus loin ce qu'ils font.

Passons maintenant aux jeux de hasard qui sont ainsi visés par le code pénal : —

« ART. 475 n° 5. — Seront punis d'amende depuis 6 fr. jusqu'à 10 fr. inclusivement, ceux qui auront établi ou tenu dans les rues, chemins, places ou lieux publics, des jeux de loterie ou d'autres jeux de hasard.

« Art. 477, N° 1. — Seront saisis et confisqués, les tables, instruments, appareils de jeux ou de loteries établis dans les rues, chemins et voies publiques, ainsi que les enjeux, les fonds, denrées, objets ou lots proposés aux joueurs.

Art. 478, N° 2. — Les individus mentionnés au N° 5 de l'art. 475 qui seraient repris pour le même fait en état de récidive, *seront traduits devant le tribunal de police correctionnelle*, et punis d'un emprisonnement de six jours à un mois, et d'une amende de 16 à 200 francs. »

Voici la jurisprudence relative à cette matière : —

1°. La défense de la loi n'atteint que les jeux de pur hasard ; elle ne s'étend pas à ceux où le hasard et l'habileté du joueur ont une influence plus ou moins grande : ainsi, ne sont pas prohibés l'écarté, le piquet, le bézi ou bézigue, la mouche, les quilles, la poule au billard. (Cass., 28 Mai 1841, 2 Avril 1853, 26 Mai 1855, 8 janvier 1857,

8 Février 1858, 9 Novembre 1861, 31 Juillet 1863);
2°. Il y a jeu de hasard dans l'aliénation d'un objet mobilier faite d'un seul coup de dé. (Cass. 26 Mai 1813) ; 3°. La disposition du n° 5 de l'article 475 ne s'applique qu'à ceux qui ont tenu les jeux et ne concerne pas les individus qui y ont seulement pris part. (Cass. 27 Avril 1849) ; 4°. Un contrevenant ne peut être excusé par le motif que le maire l'aurait autorisé à tenir son jeu. (Cass. 27 Août 1852) ; 5°. La loi n'a pas distingué entre les jeux où l'enjeu serait de l'argent ou des objets d'une autre nature, ni entre ceux où le hasard conduirait à une perte complète de l'enjeu ou ne ferait recevoir en échange qu'un objet que le sort seul devait indiquer. (Cass. 2 Août 1855) ; 6°. La contravention existe quand même la mise en jeu ne serait que de cinq centimes, et quand même le joueur serait assuré d'en recevoir toujours la valeur en objets quelconques. (Cass. même arrêt).

Pour bien se pénétrer des dangers que présentent les jeux de hasard, il est bon de relire les instructions données à diverses époques par l'autorité supérieure.

*Circulaire du Préfet de police aux commissaires
de police de son ressort. (6 Novembre 1830).*

———

« Messieurs, il n'est aucun de vous qui ne
sache pertinemment que les jeux de loterie et les
autres jeux de hasard établis sur la voie publique sont, en général, exploités par des gens sans
aveu, des escrocs et souvent des repris de justice.

« Vous n'ignorez pas non plus que la plupart
de ces jeux sont combinés de telle sorte, et les
chances en faveur de celui qui les tient multipliées
à tel point, qu'il ne dépend, pour ainsi dire, que
de sa volonté de s'assurer le gain des mises.

« On a reconnu, par exemple, que certains de
ces jeux présentaient jusqu'à vingt ou trente
chances contre une en faveur du banquier. Il en
est même où tout le secret du gain consiste dans
l'escamotage ou le compérage.

« Il n'y a pas seulement dans ce fait, messieurs,
contravention à l'article 475 du code pénal ; il
constitue de la manière la moins équivoque, le
délit d'escroquerie prévu par l'article 405 du
même code.

« Cependant, il en est peu d'entre vous qui

aient envisagé les choses sous ce point de vue, et qui ne se bornent à constater purement et simplement la contravention. Aussi, les teneurs de jeux, pour qui les peines de simple police équivalent à l'impunité, affrontent-ils avec audace, et en plus grand nombre que jamais, l'action de la police.

« Je suis jaloux, messieurs, de mettre promptement un terme à ce désordre, tant dans l'intérêt de la morale et de l'ordre public, que dans celui des malheureux artisans qu'une cupidité irréfléchie attire dans le piège, et que les dés ou la roulette privent, en quelques instants, des ressources qu'ils ont péniblement acquises par un travail de plusieurs jours, quelquefois de plusieurs semaines.....

« Il suffira, je n'en doute pas, d'appliquer, de temps en temps, aux teneurs de jeux les peines portées par l'article 405, pour inspirer une crainte salutaire à cette classe d'individus, et pour en diminuer considérablement le nombre.

« En conséquence, messieurs, toutes les fois que des gens de cette espèce seront mis à votre disposition, examinez avec une scrupuleuse atten-

tion les instruments, cartes, dés ou autres objets
avec lesquels ils se livrent à leur dangereuse
industrie, étudiez-en les figures, le mécanisme,
la structure ; attachez-vous à découvrir les combinaisons frauduleuses qu'ils renferment, cons-
tatez-les avec précision dans vos procès-verbaux ;
recevez, s'il se peut, les déclarations des personnes qui auraient été lésées, et celle des agents
qui ont effectué la saisie ; établissez qu'au moment où elle a eu lieu, le jeu était ouvert et les
joueurs engagés ; recueillez les noms des témoins
qui peuvent être utilement entendus ; en un mot,
ne négligez rien pour faire ressortir la mauvaise
foi des délinquants, et pour mettre la justice à
même d'user envers eux de toute la sévérité de
la loi. »

A la suite de sa circulaire le préfet donne la
nomenclature des jeux les plus usités, avec l'indication d'une partie de leurs combinaisons frauduleuses. Cette nomenclature comprend : — L'as
de cœur, Les Trois cartes, La Jarretière, La Roulette, Le Quadrille, Les Trois-Coquilles, Le Passe-
Dix, La Blanque, La Loterie, Les 90 numéros
dans le sac, La Parfaite-égalité.

Depuis 1830 les jeux de hasard se sont multipliés, et si ceux énumérés plus haut existent encore, il s'en est créé de nouveaux parmi lesquels il faut citer notamment : La boule captive suspendue à un cordon fixé au milieu de la base d'un trapèze renversé, et le Billard à cheminée que tout le monde connaît comme le plus perfide, peut être, de tous les jeux en usage.

Circulaire du 25 Octobre 1858.

« Messieurs, depuis longtemps, mon attention a été appelée d'une manière très-sérieuse sur les inconvénients résultant de l'admission, dans les fêtes publiques, des teneurs de jeux dits de tournevire.

« Ces industriels ne se contentent plus, comme autrefois, de faire tirer des macarons, des pains d'épice, des sucreries ; ils ont imaginé d'attirer le public en exposant au milieu d'un grand nombre de lots sans valeur, des objets d'un certain prix ou plutôt d'une certaine apparence. — Séduits par cet appât, des gens sans expérience, des pères de famille, des ouvriers, des enfants même viennent prendre part à ces jeux où, bien souvent, ils perdent des sommes relativement considérables.

« Des plaintes nombreuses me sont parvenues, et j'ai reconnu que la plupart du temps les industriels dont ils s'agit trompaient le public par toutes sortes de manœuvres frauduleuses.

« J'ai résolu de mettre fin à eet état de choses en interdisant désormais le jeu de tournevire, qui rentre d'ailleurs dans la catégorie des jeux de hasard formellement prohibés par le n° 5 de l'article 475 du Code pénal.

« Je vous prie, en conséquence, messieurs, de faire observer rigoureusement cette interdiction, en ce qui vous concerne, et de ne tolérer à l'avenir, dans les fêtes locales et extraordinaires, aucun jeu de cette espèce, si ce n'est ceux où l'on se bornerait à faire tirer des sucreries ou autres menus objets sans valeur. »

Circulaire du ministre de l'intérieur aux préfets,
(9 Janvier 1859.)

« Monsieur le préfet,
» Au mépris des dispositions du n° 5 de l'ar-

ticle 475 du Code pénal, on rencontre trop souvent dans les foires et dans les marchés des individus qui, munis de permissions en qualité de marchands forains, exploitent la crédulité publique et font des dupes en établissant des loteries ou des jeux de hasard sur la voie publique. Ces industriels cherchent d'ailleurs à dissimuler la contravention sous l'apparence de vente de diverses marchandises qui servent d'enjeu.

« L'abus que je vous signale est non-seulement préjudiciable aux marchands honnêtes auxquels on enlève ainsi des chances légitimes de gain ; il contribue, en outre, à démoraliser les populations rurales et à leur faire contracter l'habitude des jeux aléatoires, au grand détriment des familles.

« Je ne saurais trop vous recommander, monsieur le préfet, de veiller à ce que les prohibitions mentionnées au n° 5 de l'article 475 du Code pénal soient strictement observées. Je vous invite à adresser des instructions dans ce sens à MM. les sous-préfets et à MM. les maires, en leur prescrivant de s'abstenir désormais d'accorder des autorisations dont l'effet est de paralyser l'action du ministère public, quant à la répression des loteries et des jeux de hasard établis dans les lieux publics au mépris de la loi. »

Or, malgré la loi, malgré les instructions ministérielles et préfectorales, on rencontre souvent, sur les places publiques, une quantité de jeux de hasard fonctionnant en toute liberté.

Cela résulte, comme pour les devins et somnambules, de l'insouciance de la police et de la naïveté de certaines municipalités qui croient que les fêtes et foires de leurs pays seraient perdues si le bataillon des exploiteurs de crédulité n'y figurait pas.

Si quelque chose est de nature à détruire vos fêtes, pauvres gens ! c'est justement la présence de tous ces chevaliers d'industrie et les razzias qu'ils opèrent sur les gogos de toute espèce.

Voulez vous être édifiés à ce sujet ? Refusez impitoyablement les autorisations qui vous sont demandées ; faites en sorte que ces individus suspects quittent immédiatement le pays, et vous verrez que, le soir, vous entendrez moins de plaintes et qu'il se sera pratiqué moins de vols à la tire ou autrement. J'ai fait cette expérience :

elle a été concluante, et je parle de cela en connaissance de cause.

Qui ne sait, en effet, que les directeurs de jeux
de hasard ont généralement des compères mêlés à
la foule. Ces compères se recrutent le plus souvent parmi le personnel masculin des voitures
de somnambules. Leur mission consiste à jouer
pour lancer le jeu et décider les badauds. Il va
sans dire que les *entraineurs* gagnent presque
toujours. Ils ne craignent pas, bien entendu, de
s'associer avec les spectateurs hésitants pour
partager la mise en jeu. Ils n'hésitent pas non
plus à débarrasser de leur montre ou de leur porte-
monnaie les personnes trop attentives à la course
des billes ou au passage des cartes. De telle
sorte qu'autour des voitures de somnambulisme
ou des tables de jeux, le vol s'opère de toutes
les façons : à droite comme à gauche par devant
comme par derrière.

Or donc, notre action pouvant s'appuyer sur
des lois très précises, nous ne devons pas hésiter
à poursuivre les devins et directeurs de jeux que
nous surprenons dans l'exercice de leur profession.

Mais, comme la loi ne permet pas la détention

préventive en matière de contravention, il arrive
que les procès-verbaux dressés ne reçoivent pas
de suite parce que les contrevenants ont disparu
et ne peuvent être retrouvés, et les contraventions
restent ainsi sans repression.

Le meilleur moyen, le plus efficace, est donc
de refuser énergiquement toute autorisation, et
de faire pourchasser vigoureusement par nos
agents tous ceux qui tentent de passer outre à
notre défense.

D'ailleurs, à quoi bon attendre que des plaintes
nous soient portées, que des escroqueries aient
été commises. Ne veut-il pas mieux prendre les
mesures nécessaires pour prévenir le danger ? En
pareille matière, aucun homme de bonne foi ne
songera à blâmer notre zèle.

Il y a de singuliers professeurs de morale qui
tranchent la question en disant : « Il faut que
tout le monde vive. » — Eh bien ! je n'admets
pas que l'on dise : Tant pis pour les imbéciles !
— Est-ce leur faute, à ces pauvres gens, si l'instruction leur manque et si l'ignorance, leur in-
saisissable et invincible ennemie les met à la mer-
ci du premier fripon venu ! Aussi, en dépit de

ceux qui contestent la légalité de notre action préventive, j'affirme que s'il est bon de réprimer le mal, il est encore préférable de l'empêcher de se produire. Je crois avoir suffisamment prouvé que, dans bien des cas, nous pouvons atteindre ce résultat sans excéder notre droit et sans attenter en quoi que ce soit à la liberté des citoyens.

DERNIÈRE PAROLE

Ma tàche est terminée.

Peut-être la reprendrai-je un jour. Pour l'instant, je crois en avoir assez dit. Les uns déclareront que je suis allé trop loin, les autres m'adresseront sans doute le reproche contraire. Que les premiers corrigent ce qu'il y a d'erroné dans mon travail, que les seconds le complètent et je les remercierai également. Que tous me pardonnent et se souviennent que mon seul but est le bon fonctionnement de l'administration dont j'ai l'honneur de faire partie, et ma seule passion l'amour du bien public.

J'ai essayé de tracer les grandes lignes de notre conduite. Je crois (sauf erreur que je serais heureux de voir démontrer) qu'en suivant ces lignes nous pouvons exercer, à la satisfaction générale, une action utile et bienfaisante. En effet : je ne vois pas seulement le salut de la patrie dans le nombre de ses canons et dans la puissance de son armée, je le vois aussi dans le maintien de l'ordre public dont une des conditions essentielles est le fonctionnement régulier d'une bonne administration confiée à des hommes profondément honnêtes, recherchant avant tout et par dessus tout la justice et la vérité.

Si je voulais simplifier, résumer la pensée dont je me suis inspiré en écrivant ce livre, je tracerais ces simples mots : « Chercher la vérité partout, la justice toujours. »

« Vérité ! Justice ! deux nobles sœurs qui ne sont peut-être que le souffle du même esprit ! » Chercher l'une et servir l'autre ! Je crois que ces quelques mots suffisent à tracer notre devoir et les limites dans lesquelles ce devoir doit s'accomplir.

» L'amour de la justice et le respect de la vérité sont les deux forces vénérables qui mènent la vie sociale. Détruisez l'une et toute base fait défaut ; éteignez l'autre et vous verrez s'obscurir la lumière qui rayonne au sommet humain. »

En s'inspirant de cette pensée, les fonctionnaires de notre ordre peuvent, quelque étroite que soit leur sphère d'action, quelque modeste que soit leur fonction, contribuer à la perfection de notre état social.

Je vois d'ici sourire les sceptiques et les paresseux endormis dans la routine, qui n'aiment pas à se torturer l'esprit et qui n'hésitent pas à déclarer que l'homme, surtout le fonctionnaire, perd son temps en s'efforçant de gravir et de faire gravir aux autres les degrés de cette échelle qui va du mal au bien et du bien au mieux. Oui, je les vois et je les entends s'écrier en lisant ces lignes et en haussant les épaules : — Mais nous n'avons pas le temps de philosopher, nous. La besogne nous presse et nous pousse sans nous laisser le loisir de nous arrêter à la contemplation des étoiles.

A ceux-là je répondrai : — Erreur ! Vous avez toujours le temps de philosopher, c'est-à-dire, de raisonner, c'est-à-dire, de réfléchir à ce que vous me permettrez d'appeler les prolégomènes, la contexture et les conséquences probables de l'acte que vous accomplissez.

Chercher la vérité partout, la justice toujours, c'est tout simplement faire son devoir et nul d'entre nous n'a le droit de se soustraire à cette obligation. C'est qu'en effet le fonctionnaire ne doit pas être, dans l'administration dont il fait partie, comme le personnage de la comédie d'Emile Augier :

« Un étranger pensif dont l'esprit est ailleurs. »

Il faut que le fonctionnaire soit toujours et tout entier à son devoir. Est-ce à dire qu'il doive supprimer de sa vie, même la direction de ses affaires personnelles et l'intérêt que chaque homme doit à sa famille? — Evidemment non, car le souci du foyer et l'attachement au devoir professionnel peuvent marcher de pair, je serais presque tenté de dire que ces deux choses sont inséparables.

Il existe certainement une étroite connexité entre la sollicitude que l'homme doit à sa famille et celle qu'il voue à son pays. Par conséquent, mon esprit se refuse à admettre que l'on puisse être en même temps mauvais père, par exemple, et bon citoyen. Or donc, comme les grandes questions publiques ne sont que l'accumulation, le grossissement, si vous voulez, des petites questions privées, si vous vous désintéressez de votre devoir familial, il y aura dans l'organisation sociale des choses que vous ne comprendrez pas et que vous appliquerez mal.

Je reprends ma pensée et je dis que nous ferions incomplètement notre devoir si nous ne contribuions pas, dans la mesure de nos forces, à l'amélioration de tout ce qui nous touche de près ou de loin. En effet : tous ceux qui ont l'honneur de détenir une parcelle quelconque d'autorité, qui, par le fait, ont charge d'âmes et qui ne peuvent se désintéresser de la grandeur et de la dignité de la patrie française, doivent toujours apercevoir à l'horizon ces mots flamboyants qui sont la devise du progrès et le but de l'humanité : En avant ! toujours en avant ! Plus haut ! toujours plus haut !

En adoptant cette devise et en l'appliquant résolument, continuellement, raisonnablement, nous aurons plus fait pour le progrès de notre pays que tous les rhéteurs épris de théories aussi faciles qu'absolues, qui croient volontiers que les réformes rêvées doivent s'accomplir dès que leur main fiévreuse les a tracées sur le papier.

Je viens de parler de progrès. Cela m'amène à dire que nous vivons sous un régime politique qui n'aurait pas de raison d'être s'il n'était pas en progrès permanent et s'il ne se faisait pas en lui un incessant labeur d'amélioration auquel tous peuvent contribuer, et qui suppose,' nécessite même, une agitation continue que les naïfs qualifient d'instabilité sociale. — Ils ne s'aperçoivent pas, les malheureux ! qu'ils sont dans la plus profonde erreur. Aveuglés par les souvenirs de la stérile immobilité du passé et mal habitués à l'ordre de choses actuel, ils ont peur du mouvement naturel et nécessaire qui s'accomplit autour d'eux. Comme si ce mouvement, cette agitation, ce perpétuel changement n'étaient pas la vie même d'une démocratie ; comme si ce désordre apparent n'était pas précisément le fonctionnement de l'ordre chez un peuple qui conquiert chaque jour un progrès nouveau par l'effort d'un travail persévérant s'accomplissant sous l'égide des lois et de la liberté.

Regretter la somnolence d'autrefois en présence de l'activité d'aujourd'hui, ne serait-ce pas préférer la mort à la vie ! Ne serait-ce pas dire que l'oisiveté du cloporte paresseusement allongé sous la pierre visqueuse vaut mieux que le bourdonnement des vaillantes abeilles construisant leur ruche ! — Recueillez-vous, si bon

vous semble, dans le silence désolant de la né-
cropole où les arbres n'osent même pas laisser
bruire leurs feuilles de peur de troubler le som-
meil des trépassés, mais ne cherchez pas à nous
effrayer des mille bruits de l'usine en marche dont
les marteaux sonores accompagnés du halètement
de la machine chantent l'hymne du travail créateur.

Un peuple qui s'agite pacifiquement, qui travaille ardemment, qui lutte obstinément pour
acquérir une existence meilleure ; qui cherche à
vaincre tous les obstacles, qui songe à l'avenir et
qui le prépare avec persévérance, est un peuple
qui veut vivre, prospérer et grandir. Loin de
s'effrayer de ses efforts et de ses aspirations, il
faut l'admirer, l'encourager, l'aider dans son
œuvre en s'efforçant de modérer ses emportements
et de le maintenir dans les limites de la raison
et du droit, régulateurs indispensables de toute
action humaine et fondements nécessaires de
toute œuvre durable.

Un vaillant esprit qui, sous le septennat écourté
de M. de Mac-Mahon, cherchait patriotiquement
les moyens d'empêcher le retour des cataclysmes qui de vingt en vingt années bouleversent

et ensanglantent notre pays écrivait ceci : —

» Là où l'homme se tait, l'histoire parle. Ah ! comme elle parle douloureusement chez nous ! Regardez les cinquante dernières années de notre vie nationale.

» Au milieu de ces choses de toutes essences qui forment la vie française, se dégage et se dresse une implacable menace. D'où vient-elle ? On ne sait, car on ne cherche pas à savoir, mais elle est là, et, tous les vingt ans, elle éclate en un tonnerre de révoltes et de répressions. Enchaînement fatal !

» D'où vient le nuage qui porte la grêle ?

» Le laboureur étend la main et dit en montrant l'horizon : de là-bas ! Il voit poindre, grandir, monter et venir sur lui la masse noire aux dents blanches ; la moisson d'or promise à son travail d'une année, hachée par l'orage rapide, jonche la terre ; l'aquillon s'enfuit, se perd aux profondeurs des vallées, qui, dans vingt années, en retrouveront le bruit ; puis, quand l'orage est passé, le laboureur ruiné relève la tête et montre le poing au nuage disparu....

» Pourquoi n'essaies-tu pas de mettre ta mois-

son à l'abri du vent qui porte le nuage ? pauvre
laboureur !

« Il y a près d'un siècle que la tempête passe
sur nous. Ce peuple est maudit, affirment de
prétendus sages ; le chaume qui l'abrite s'en ira
en lambeaux, et sa terre ne portera point fruit ;
— il a l'esprit de révolte !

» Pourquoi parler ainsi ? Nous ne sommes ni
des oisifs ni des méchants ; le génie du travail est en nous, et nous fûmes les premiers
à affirmer que la fraternité était un devoir.
Comment se fait-il que, tous les vingt ans, nous
entendions sonner une heure fatale, pleine de
malédictions et de massacres ! d'où vient ce
mal ? d'où vient le vent qui porte le nuage !

» Après chaque effort vers la vérité, une déception, une colère aussi. Épouvantable progression !

» Le cloître Saint-Merry et le drapeau noir de
Lyon suivent 1830 ; l'insurrection de Juin en-
sanglante 1848 ; le 18 Mars se dresse, farouche,
derrière les ruines de 1870.

» A Saint-Merry, ils étaient quelques centaines
de révoltés. La répression fut facile et complète ;
quelques heures suffirent. Quarante ans après,

.on les comptait par centaines de mille. Le génie de notre histoire en deuil, penché sous le poids des souvenirs de mai 1871, pleure les morts sans oser les compter.

» Où allons-nous? qu'elle force nous entraîne? que sera la prochaine échéance ?

» Hélas ! qui le peut dire ? que fait-on pour le deviner ? on entrevoit bien, vaguement, le point noir à l'horizon ; on entend bien le murmure, confus des profondeurs ; mais se dit-on que ce point noir envahira notre ciel; que ce murmure, devenu peut-être cri de rage, rugira, et que, dans quelques années, l'orage formidable courbera et fauchera les jeunes hommes, nos enfants, comme la tempête fauche et broie les épis mûrs !

» Et si on pense à cela, qui songe au remède?

« Comprimer et guérir sont deux ; deux contraires peut-être. Qu'est la bulle d'air qui, sous l'influence de la chaleur, se forme au fond du vase? Rien, presque rien, la plus humble des manifestations naturelles. Mais cette manifestation obéit à une loi ; et, derrière le phénomène obscur, dédaigné, inobservé, la loi se dresse et commande. A un moment, la bulle d'air se détachera lentement, elle cheminera pour se mêler à l'air libre, elle montera vers lui. Enfermez ! comprimez ! réprimez ! elle s'effacera ; le point brillant qu'elle formait disparaîtra, et, dans le vase chauffé et fermé, nul ne pourra percevoir un mouvement. La bulle d'air est-elle détruite ? Non ! Vous ne la voyez plus ; mais, dans l'osbcurité redoutable qui ne vous permet plus de l'observer, elle appelle ses sœurs ; la même loi les groupe, les réunit, inspire leur effort commun ; et le vase, fut-il de bronze, vole en éclats ! Qui a fait ce bruit ? qui a déchiré le métal ? qui a meurtri ou tué l'opérateur ? une bulle d'air ! une loi méconnue ! »

Ce raisonnement était juste, et le meilleur moyen de prévenir, d'éviter les révolutions, les coups de force d'en bas ou d'en haut, c'était d'entrer résolument, comme on l'a fait depuis quelques années, dans la voie de la liberté et du progrès. Mais, avant tout, il s'agit de définir le progrès et de savoir comment il doit être compris et pratiqué afin de ne pas retomber, en suivant une route opposée, dans le précipice que nous voulons éviter.

Qu'est-ce donc que le progrès ? Est-ce une

chose fabriquée de toutes pièces par les pouvoirs
publics qui en permettent l'usage aux citoyens et
qui en confient l'application aux administrations
de l'État? — Pour ma part, je le comprends autrement. Comme les mille rivières de notre pays
coulent vers un point commun et vont s'unir en
un tout admirable qui se nomme l'Océan, je crois
que le progrès se forme des innombrables conquêtes de l'activité nationale, lesquelles montent
jusqu'à l'enceinte législative où elles se groupent
et reçoivent la consécration définitive qui les gé-
néralise et en fait bénéficier la société entière.

D'où il résulte que le progrès national se compose d'améliorations partielles et individuelles,
et que les réformes ne peuvent s'accomplir qu'a-
près avoir été sagement et patiemment préparées.
Nous ne pouvons donc être ni avec ceux qui
manquent de prudence, ni avec ceux qui manquent de volonté, et nous devons nous garder de
toute précipitation comme de toute défaillance.

A ce propos, laissez-moi vous rappeler une
histoire qui ne date pas d'aujourd'hui et qui contient une leçon utile à méditer. —

« Vers l'an 650 de Rome, Sertorius ayant

groupé autour de lui toutes les nations en deça
de l'Ebre, était redoutable par le nombre : chaque jour on affluait, on se portait de toutes parts
vers lui ; mais effrayé de l'indiscipline de ces
barbares, qui criaient qu'on les menât à l'ennemi
et s'irritaient des retards, il essayait de les calmer par des discours. Les voyant soulevés et prêts
à des violences intempestives, il les abandonne à
eux-mêmes et les laisse s'engager avec les ennemis, espérant que, après avoir été non pas entièrement défaits, mais bien battus, ils seront
plus soumis dans la suite. Sa conjecture s'étant
réalisée, il vole à leur secours, les recueille dans
leur fuite, et les ramène en sûreté dans le camp.
Mais, peu de jours après, voulant leur rendre le
courage, il rassemble toute l'armée et fait amener deux chevaux, l'un très-faible et déjà vieux,
l'autre très grand et vigoureux, avec une queue
remarquable par l'épaisseur et la beauté des
crins. Près du cheval faible, il place un homme
grand et robuste et près du cheval fort un homme
petit et de chétive apparence. A un signale donné
l'homme fort saisit à deux mains la queue du
cheval faible et la tire de toutes ses forces, comme

pour l'arracher, pendant que l'homme faible enlève crin à crin la queue du cheval fort. Le premier, après s'être donné beaucoup de mal et avoir prêté beaucoup à rire aux regardants, y renonce : l'homme faible, au contraire, montre la queue de son cheval qu'il avait, eu un clin d'œil et sans aucune peine, dégarnie de tous ses poils. Alors Sertorius se levant : « Voyez, dit-il, chers alliés, que la patience est plus efficace que la force, et que bien des choses qu'on ne saurait enlever d'un seul coup cèdent à qui les prend une à une. La persévérance est invincible : c'est par elle que le temps, dans sa marche, détruit et renverse toute puissance, allié aussi sûr pour ceux dont les calculs saisissent le moment favorable, qu'ennemi déclaré de quiconque se hâte à contre-temps. » [1]

Ce qui était vrai du temps de Sertorius est encore vrai aujourd'hui parceque la sagesse est de toutes les époques et qu'elle a le rare privilège de ne jamais vieillir. C'est la vierge sublime au front de laquelle chaque printemps met des roses

----

[1] Plutarque. Biog. Traduct. Talbot. T. 3, p. 221.

plus fraîches qui lui font une jeunesse éternelle.

Il ne faudrait cependant pas confondre la sagesse avec la pusillanimité, car si l'une peut assurer le succès dans l'action, l'autre ne pourrait avoir d'autre résultat que d'empêcher toute action ; et la momification du pays ne saurait être notre idéal.

Mais il est des gens étonnants qui prétendent servir grandement la cause du progrès en se bornant à critiquer tout ce que font les autres. Rien n'est commode comme la critique ; cela est à la portée des intelligences les plus étroites. Plus la critique est poussée à l'excès et plus elle est facile : on trouve tout mauvais et tout est dit.

Etre réformateur progressiste est, au contraire, beaucoup plus difficile. Il faut étudier chaque réforme sous toutes ses faces, examiner le pour et le contre, arriver à froisser le moins de susceptibilités et à léser le moins d'intérêts possible.

Certain publiciste dont j'ai déjà eu à examiner les théories dans diverses parties de ce livre a une tendance à ramener toutes les personnes qu'il critique à un type unique : Pangloss. Je crois que s'il cherchait bien il trouverait aussi,

et peut-être en trop grand nombre, des Pangloss
à l'envers qui trouvent que tout est au plus mal
dans le plus mauvais des mondes possibles. Ces
Pangloss là ne valent pas plus que les autres
Quoiqu'ils procèdent d'une manière diamétrale-
ment opposée et qu'ils se placent systématiquement aux antipodes des premiers, ils ne paraissent pas destinés à accomplir une meilleure besogne que ceux pour lesquels l'écrivain susdit
réserve toutes ses foudres.

Je n'aime pas plus le docteur Tant-Pis que le
docteur Tant-Mieux et je trouve l'entêtement de
l'un aussi détestable que la ténacité de l'autre.
A la lueur de la rampe, dans la fiction du théâtre,
quand le génie de Molière les anime, ces gens-là
sont amusants. Transportez-les dans la vie réelle,
dans l'accomplissement de leurs devoirs de citoyens, ils deviendront d'une stupidité révoltante.

Je n'approuve ni Pangloss satisfait ni Pangloss
grincheux et je leur donne également tort parceque je les considère comme deux expressions
équivalentes de la bêtise humaine qu'ils incarnent, non pas seulement depuis Voltaire, mais
depuis le commencement des siècles. C'est Pan-

gloss satisfait, battu, tondu et toujours content
que Rabelais persifle dans les brebis de Panurge.
C'est au visage de Pangloss grincheux, senten-
cieux, redresseur de torts et toujours mécontent
que La Fontaine jette malicieusement le gland
qui doit déterminer en cet esprit obtus l'éclair
de raison provoqué par l'hémorragie nasale.

Je me hâte d'ajouter qu'entre les deux docteurs
absurdes il y a place pour un praticien expérimenté, de même qu'entre les deux Pangloss aveu-
gles et stupides peut se dresser un homme clair-
voyant, raisonnable et sensé. Ce dernier, tenant
compte des efforts déjà faits, des résultats obte-
nus, reconnaîtra loyalement qu'il reste encore
des étapes à parcourir parce que le progrès ne
s'arrête jamais et ne sera jamais complètement
réalisé.

S'ensuit-il que nous soyons tenus de faire du
progrès une nouvelle toile de Pénélope à laquelle
nous et nos successeurs travaillerons toujours
sans jamais avoir la satisfaction d'en mesurer un
centimètre ? Non : nous devons tenir pour acquis
le travail effectué, et sur les fondements déjà
posés, bâtir, assise par assise, un édifice toujours

plus beau et plus en harmonie avec nos besoins et nos aspirations.

Tel est le progrès bien compris.

Mais effacer volontairement l'œuvre accomplie, ce n'est par marcher mieux ni plus vite. Fermer systématiquement les yeux sur les étapes parcourues, ce n'est pas tracer la route nouvelle. Non, ce n'est pas en biffant complètement le passé que l'on parviendra à rendre l'avenir meilleur. Ce n'est pas en affirmant que tout ce qui existe est mauvais que l'on prouvera que ce que l'on veut mettre à la place serait irréprochable et parfait. Ce n'est pas en accumulant des paradoxes que l'on supprimera les abus.

Raisonner justement, c'est reconnaître que tout est perfectible. Agir sérieusement, c'est travailler sagement mais opiniâtrement à l'amélioration des idées, des hommes et des choses. C'est, en tenant compte des possibilités de temps, d'opinion et de lieu, rechercher consciencieusement tous les progrès réalisables. C'est se pénétrer enfin de cette idée rationnelle, de ce système irréfutable, qu'un édifice ne s'élève que pierre à pierre et degré par degré.

Les réformes ne se font pas d'un coup de baguette magique, et l'homme qui rêve des transformations subites peut être un idéologue sublime sans cesser d'être un esprit peu pratique. Détruire et construire ne sauraient avoir aucun point de ressemblance. Le premier terme suppose une action rapide et souvent facile, tandis que le second demande de l'étude et l'aplanissement de nombreuses difficultés. Pour détruire, il suffit d'un instant, d'un effort, d'un fait de violence. Pour construire, il faut de la préparation et du temps. Une muraille croule en une minute sous le choc d'un boulet de canon et elle ne se relève que lentement et à force de bras.

Et puis, décréter n'est pas tout. Une réforme décrétée n'est pas toujours une réforme accomplie. Si les mœurs et les esprits y sont préparés, vous pouvez, sans plus tarder, faire la réforme dans les lois, et l'effet que vous en attendez se produira tout naturellement. Dans le cas contraire, les résultats démentiront vos prévisions. Essayez donc de semer le froment dans un terrain en friche ; la récolte rêvée restera peut-être dans votre cerveau, comme un mirage, mais elle ne sortira jamais du sol. Préparez la terre, fouillez-la, travaillez-la, et de son sein enrichi vous verrez bientôt sortir une luxuriante végétation.

La nature nous donne de hautes leçons de sagesse dont nous devons savoir profiter. — C'est à la fin de l'automne que le laboureur confie à la terre le grain qu'elle va garder secrètement pendant quelques jours comme si elle avait l'intention de ne plus le rendre. Il s'accomplit alors un travail souterrain indispensable. Au bout d'un certain temps les petites feuilles vertes émergent du sol. Est-ce le moment de récolter ? Non. L'hiver arrive et retarde la végétation. Encore une période d'attente. Puis vient le printemps ; les tiges se dressent, l'épi se forme, se remplit et se dore enfin aux feux du soleil de juin. Laboureur ! le grain est mûr. Ton travail et ta patience sont couronnés de succès ; tu peux cueillir sans hésiter maintenant !

Eh bien, certains hommes qui ne sont que de grands enfants, enfants terribles ! ne savent pas comprendre cette loi de nature qui s'impose dans l'ordre moral comme dans l'ordre matériel. Qu'ils étudient donc les actes du bambin avec lequel ils ont tant de points de ressemblance, et s'ils veulent se donner la peine de comparer et de réfléchir, ils reconnaîtront leur erreur.

Voyez l'enfant qui veut établir un jardin dans le coin de terre que son père a abandonné à ses jeux. Est-ce qu'il songe à semer, lui ? Non : il veut une floraison immédiate et il coupe ingénument, sur les arbustes embaumés, des rameaux fleuris qu'il plante gravement en son petit jardinet. Le lendemain, à la première heure, il court visiter son travail. Son cœur bat et sa main est prête à cueillir les fruits qui, dans la nuit, sans doute, ont dû remplacer les fleurs de la veille. Hélas ! quelle déception ! les fleurs sont fanées et ont perdu leur parfum, les tiges sont penchées comme les branches d'un saule et le paradis rêvé a l'aspect de la désolation. A cette vue l'enfant s'irrite ; il piétine et détruit son travail inutile ; il accuse le ciel et la terre de son insuccès et il ne songe pas à sa propre imprévoyance.

Combien d'hommes pourraient reconnaître les vices de leur méthode dans l'action de cet enfant. Oui, il en est de même en toutes choses, et les réformes, le progrès demandent aussi un travail de germination, une période de gestation qui ne peuvent s'accomplir sans l'aide du temps.

Et maintenant, une fois la réforme faite, devons-nous vivre désormais dans une attitude contemplative devant le travail effectué ? Non, nous devons consolider l'édifice construit et partir avec de nouvelles forces pour la terre inconnue où nous préparerons de nouvelles conquêtes sans nous départir jamais de la méthode d'étude, de circonspection et de prudence qui seule permet les labeurs féconds et les œuvres durables.

En un mot, sans imprudence et sans folie, nous devons marcher d'un pas ferme et sûr avec l'inébranlable résolution de ne jamais reculer.

Travaillons donc sans relâche et sans précipitation, et si nous ne sommes pas assez heureux pour rendre le présent irréprochable, nous aurons toujours la satisfaction d'avoir préparé l'amélioration de l'avenir.

J'entends certaines gens se récrier et dire : « Travailler pour l'avenir c'est de la jobarderie. Nous sommes plus positifs que cela, nous. Nous voulons des réformes et nous les voulons tout de suite, pour en jouir. » — Ah ! ce n'est pas de la

jobarderie cela, c'est de l'égoïsme le plus pur.
Après vous la fin du monde, n'est-ce pas ? Allez
donc jusqu'au bout de votre doctrine et dites à
votre tour : « Tout ou rien ! Nous voulons tout ;
non-seulement ce qui est possible mais ce qui
peut être désiré ; sinon, brûlons, saccageons,
exterminons et périssons sous les débris fumants
de l'univers anéanti ! »

La belle théorie, vraiment ! et comme elle con-
traste singulièrement avec la pensée suivante de
l'éminent ami dont le souvenir me revient fidèlement aux heures solennelles : — « Celui qui
cueille à le sourire aux lèvres, celui qui sème a
la volupté d'entrevoir les joies de l'avenir. Sa
part est la plus haute et la plus pure, elle est faite
du bonheur des autres, et c'est pour cela que je
n'envierai jamais le sort de ceux qui récolteront
pourvu qu'on me laisse libre de mettre au sillon
le grain que je crois utile. »

Celui qui écrivait ces lignes aimait son pays
comme devraient l'aimer tous ceux qui parlent de
progrès. Il avait du cœur ; son indomptable ardeur
était faite de générosité et il comprenait admirablement que les réformes et le progrès ne se

réalisent pas en une heure, que les semailles et la moisson ne se font pas dans la même journée.

Je manquerais à la règle de justice dont je me réclame si je ne terminais pas par une citation d'un auteur dont je suis loin de partager toutes les idées mais dans l'œuvre duquel je suis heureux de louer les pages qui me paraissent être bonnes. — « Accomplir toutes nos évolutions à l'aide de moyens pacifiques ; renoncer à ces luttes violentes où les vainqueurs sont les dupes de leur propre violence ; arriver au progrès par la science, en supprimant le progrès par la force, tel est le grand caractère de l'œuvre tentée par le dix-neuvième siècle.

« Nous savons bien qu'elle n'est pas encore réalisée ; mais nous ne devons pas moins avoir une pensée d'espoir. Elle est en bonne voie ; elle fait son chemin peu à peu, non, il est vrai, auprès des gardiens des derniers privilèges, qui les défendent avec la violence du désespoir ; mais auprès de ceux qui ont confiance dans l'avenir parce qu'ils ont le droit pour eux.

« Ah ! il faut de la patience, du travail, de la persévérance, de la volonté. On n'arrive pas au but du premier coup ; mais il y a plus de cent mille ans que l'homme s'agite sur cette terre. Il faut avouer que, depuis quelques années, il a singulièrement accumulé ses progrès.

« Il y a des braillards qui crient : « Ne pensons point ! de l'action ! de l'action ! »

« Les imbéciles ! ils parlent comme un Nouveau Zélandais ! comme un homme de l'âge de pierre !

« La supériorité de l'homme sur l'animal, c'est de penser d'abord et de n'agir qu'après, afin de savoir pourquoi il agit et où le conduira son action. » [1]

C'est sous le bénéfice de ces considérations que je me permets d'ajouter : — L'homme vraiment travailleur, réellement utile à son pays, est celui dont l'esprit ne s'endort jamais, dont l'âme possède la soif ardente, le besoin insatiable de pénétrer l'inconnu. Nous devons tous chercher à être cet homme-là, et tous, selon nos aptitudes, nous devons apporter notre contingent d'efforts à la perfection de notre état social.

Pour cela, il n'est pas inutile de jeter souvent

---

(1) Yves Guyot. Nos préjugés. Broch. 1872.

un regard en arrière, de remonter un peu
le cours du temps pour y chercher les fautes
commises et les moyens de les éviter dans l'avenir, et quelquefois aussi pour y reprendre de
bonnes idées prématurément conçues ou trop facilement abandonnés.

« Osons compter sur la résurrection de la
France, disait, en 1874, un éminent orateur ;
mais sachons bien qu'elle n'adviendra qu'à la condition d'être devenue notre œuvre à tous. Les
plus humbles d'entre nos citoyens doivent et peuvent l'aider de leur concours.

On aurait tort d'imaginer que l'acquittement de
cette dette est placé à une hauteur inaccessible.
Il y serait satisfait si chacun tendait vers le bien
selon la mesure de ses lumières et de ses forces.
Quel pays que celui où tous rempliraient leurs
devoirs privés, où les familles seraient unies, les
parents obéis et aimés, les enfants élevés avec
bon sens et tendresse ; où l'on tiendrait en honneur la fidélité aux conventions et à la parole
donnée, le respect des contrats, l'amour du travail, la sage administration des fortunes, l'esprit
de prévoyance et d'épargne ! Chez une popula-

tion ainsi .douée, les vertus politiques, sans le culte et la pratique desquelles une nation n'est rien, naîtraient comme d'elles-mêmes, car les nobles qualités se soutiennent et s'appellent. Qu'une telle perfection soit une chimère, il serait déraisonnable de ne pas l'avouer ; mais ce qui est permis et commandé, c'est de marcher vers ce but enviable, c'est de consacrer d'énergiques efforts à s'en rapprocher de quelques pas, c'est de diriger vers lui le plus grand nombre possible de nos semblables. »

Qu'il en soit donc ainsi dans toutes les branches de l'activité nationale. Tous, bourgeois et artisans, ouvriers et écrivains, fonctionnaires de tout ordre et de tout rang, nous devons nous rendre utiles, non pas seulement en faisant strictement notre devoir, mais en cherchant a perfectionner tout ce qui nous entoure et en commençant d'abord à remplacer les défauts que nous pouvons avoir par les qualités qui nous manquent.

La tâche est rude, j'en conviens. Elle est grande aussi, et capable de tenter la bonne volonté de tout homme qui se sent fier de porter le titre de citoyen français, car ne l'oublions pas : chaque pas en avant dans la voie de la raison, de la vérité, de la justice et du progrès est un élément de paix apporté à la vie sociale et un fleuron de plus ajouté à la couronne de la Patrie !

FIN.

Au moment où la dernière feuille de ce livre s'imprimait, je recevais communication d'une Circulaire de M. le Directeur de la Sûreté Générale. Cette pièce a un caractère confidentiel qu'il ne m'est pas permis de lui enlever et que je peux d'autant plus facilement lui conserver, qu'elle est maintenant connue de tous les intéressés.

Ceux-là me comprendront quand je leur dirai : N'est-ce pas, mes chers collègues, que voilà bien la règle d'une bonne administration. A chacun selon son mérite. Voilà de quoi rassurer et encourager les fonctionnaires sérieux, travailleurs et honnêtes ; voilà ce qui pourra nous mettre réellement en progrès. Nous voici sur le terrain de la Justice.

Tout cela s'accorde si bien avec les idées que j'ai cherché à faire prévaloir ici, que je suis vraiment heureux de témoigner toute la satisfaction que j'en ressens et qui doit être ressentie par tous ceux qui sont animés du désir de bien faire.

D. B.

TABLE DES MATIERES

Saint-Amand. — Imp. du *Nouvelliste*.

www.ingramcontent.com/pod-product-compliance
Ingram Content Group UK Ltd.
Pitfield, Milton Keynes, MK11 3LW, UK
UKHW020123130726
13696UKWH00001B/178